本当は

国語が苦手な
教師のための

国語授業のアクティブ・ラーニング

小学校編

加藤辰雄
Tatsuo Kato

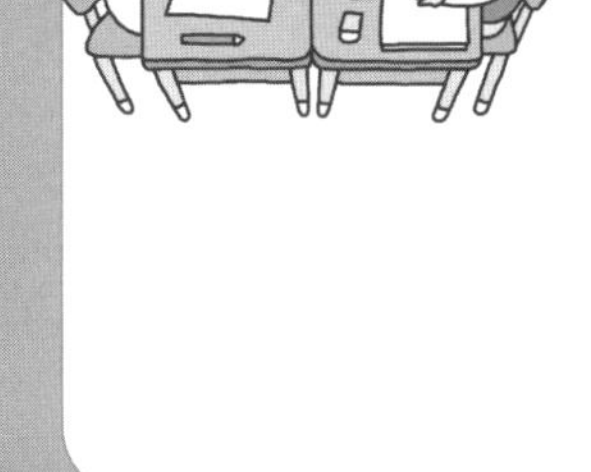

学陽書房

まえがき

「国語ほど教えにくい教科はない」「国語をどのように教えたらよいのかわからない」という声をよく聞きます。とくに、「読むこと」の指導はむずかしく、子どもたちに読解力をつけさせることがなかなかできません。読解力がつかない原因の一つに、「教師――子ども」の問答中心の授業が考えられます。教師が問いかけ、子どもがそれに答え、最後は教師が解説をして終わるという授業です。

これを打開する方法があります。それは、次期学習指導要領のキーワードといわれている「アクティブ・ラーニング」です。アクティブ・ラーニングは、「課題の発見と解決に向けて主体的・協働的に学ぶ学習」です。授業で子どもが課題を設定し、解決に向けて話し合い、表現するなどの探究型の学習を行えば、必ず読解力はついてきます。このことは、平成二十七年四月に実施された全国学力・学習状況調査でも、子どもが話し合いや発表などを通じて主体的に学ぶ「アクティブ・ラーニング」をよく行った小・中学校ほど平均正答率が高い傾向が見られたことからもわかります。そこで、本書では話し合いや発表を中心にしたアクティブ・ラーニング型国語授業をどのようにつくり出したらよいかを書いてみました。その際、阿部昇氏の論文『言語活動』そして『アクティブ・ラーニング』をどうとらえたらいいのか――身につける国語の力と『言語活動』『アクティブ・ラーニング』―『学習集団』『探究型』」(『国語授業の改革15』二〇一五年、学文社)を参考にしました。本書が読者のみなさんの国語授業づくりに少しでも役立てば、うれしく思います。

最後になりましたが、本書を書くにあたっては、編集部の根津佳奈子さん、新留美哉子さんにたいへんお世話になりました。また、今井久恵さんにはすてきなイラストを描いていただきました。ありがとうございました。

二〇一六年五月

加藤辰雄

『本当は国語が苦手な教師のための **国語授業のアクティブ・ラーニング** 小学校編』●もくじ

第1章 アクティブ・ラーニング型国語授業づくりの基礎・基本……13

第2章 アクティブ・ラーニング型国語授業を成功させる準備ポイント……31

第5章 主体的・協働的に学ぶ力を育てるグループ学習の指導ポイント

考え
考え
考え

第7章 主体的・協働的に学ぶ「話し合い」を深め、高める指導ポイント

第8章 定番教材でわかるアクティブ・ラーニング型国語授業の指導例……133

物語「ごんぎつね」

アクティブ・
ラーニング

第 1 章

アクティブ・ラーニング型

国語授業づくりの
基礎・基本

基礎・基本 1

国語授業におけるアクティブ・ラーニングとは？

●問題意識をもち、試行錯誤し、問題解決を図る学習プロセスが重要

学習指導要領では国語授業のめざす姿として、主題に対する興味を喚起して学習への動機づけを行うことから始まり、子どもたちが問題意識をもち、知識・技能を獲得し、試行錯誤しながら主体的に問題の解決を行い、最終的には学習活動を振り返って次の学びにつなげていくような、深い学習プロセスが重要だと説明しています。

●主体的・協働的に取り組める課題解決型の授業にする

アクティブ・ラーニング型授業は、この姿を実現するうえでたいへん重要な役割を果たします。それは、アクティブ・ラーニングが「課題の発見と解決に向けて主体的・協働的に学ぶ学習」だからです。

すなわち、まず学習課題を教師と子どもたちとで検討しながらつくりあげます。そして、課題解決に向けて、子ども相互が検討し合い、論議し合い、試行錯誤しながら課題を解決していきます。

その際、注意することがあります。それは、その単元でつけたい国語の力は何かを明らかにしておくことです。主体的に生き生きと楽しそうに学んでいたり、話し合いや討論をしながら協働的に学んでいたりしても、身につく国語の力が薄かったら、あまり有効な授業とはいえないからです。

課題について一人ひとりが主体的に考える

課題解決に向けて協働的に学び合う（試行錯誤する）

自力で課題を解決する

基礎・基本 2

ここを押さえれば、アクティブ・ラーニングはうまくいく！

●うまくいくアクティブ・ラーニングの三つのポイント

アクティブ・ラーニング型授業をうまくいくようにするには、次の三つのポイントを押さえることが大切です。

一つめは、学習プロセスの中に、課題の発見と解決を念頭に置いた深い学びの過程を設定することです。例えば、「ごんぎつね」（光村図書『国語四下』平成二十七年度版）の最後の場面で、「くりを届けたのは神様だと兵十が思っているのに、なぜごんはその明くる日も、兵十にくりを届けたのだろうか？」という課題を発見させ、子どもたちの力で解決していくようにするのです。

二つめは、課題をめぐって子どもたちが相互に検討し合い、論議し合うことを通して、子どもたちが自分の考えを広げ、深めるような対話的な学びの過程を設定することです。例えば、「ごんぎつね」の最後の場面で、「ごんが届けた最後のくりも、やっぱりつぐないだったのですか？　それともつぐないではなかったのですか？」という課題をめぐって話し合い、考えを深めるようにするのです。

三つめは、課題について子どもたちが見通しをもって粘り強く取り組み、子どもたち自身の力で課題を解決できるようにすることです。また、自らの学習活動を振り返らせ、成果や問題点を見出させ、次につなげるようにします。このような主体的な学びの過程を設定することです。

課題を発見する

話し合い・討論をする

課題を解決する

基礎・基本 3

国語力が身につくアクティブ・ラーニングと身につかないアクティブ・ラーニング

●国語力が身につかないアクティブ・ラーニングとは？

アクティブ・ラーニング型授業では、子どもたちが「主体的」に学習に取り組み、課題解決のために「協働的」に学べるような授業にすればよいと考えがちです。例えば、「ごんぎつね」（光村図書『国語四下』平成二十七年度版）で「この結末でごんは幸せだったか？」という論題でディベートを行うと、子どもたちは活発に議論します。しかし、その解釈には読み手の価値感が大きく反映され、一つの結論には至りません。また、作者になったつもりで、「ごんぎつね」の後日談を創作させると、子どもたちは楽しみながら意欲的に取り組みます。しかし、続き話を書くからといって、なんでも書いていいわけではありません。このように、生き生きと楽しそうに学んでいて、喜びや達成感を感じていても、子どもたちに身につく国語の力が薄ければ、よいアクティブ・ラーニングとはいえません。

●国語力が身につくアクティブ・ラーニングとは？

国語力が身につくアクティブ・ラーニングにするには、教師が深い教材研究にもとづき、「『ごんぎつね』の主要な事件とは何か？」という簡単には解決できない要素を含んだ課題を、子どもたちに提示することです。そして、その課題をめぐって子ども相互で検討し合い、論議し合い、試行錯誤して課題を解決するようにすることです。

国語力が身につかないアクティブ・ラーニング
「ごんぎつね」の続きを書きましょう。どんな話でも いいですよ
兵十は、もういたずらされることがなくなって、安心してくらしました
兵十は、ごんを殺したことを後悔して、毎日お墓まいりをしました
正解がない
…あれ？
国語力が身につくアクティブ・ラーニング
「ごんぎつね」の主要な事件とはなんですか？
A 兵十がごんを火なわじゅうでうったこと
B ごんの兵十への思い、兵十のごんへの思いが変わること
討論の結果…
正解はB
わかった！

基礎・基本 4

「活動あって学びなし」に陥らない導入のポイント

●教師と子どもたちとで検討して、課題を発見する

アクティブ・ラーニングでは、まず子どもたちによる「課題の発見」が重要です。解決してみたい課題を発見することができれば、子どもたちは「課題の解決」に向けて主体的に学ぼうとするからです。その際、「課題の発見」をすべて子どもたちに任せてしまうのはよくありません。それは、子どもたちだけでは、迷ったり揺れたりするような解決しにくい要素を含んだ課題を発見することは、困難だからです。教師と子どもたちとで検討しながら、学びのある課題をつくり出すことが大切です。

●考えが分かれる課題を提示する

教師と子どもたちとで検討する課題は、考えがいくつかに分かれるものがよいでしょう。考えがいくつかに分かれることによって、子どもたちが迷ったり揺れたりして試行錯誤するからです。

例えば、「ごんぎつね」（光村図書『国語四下』平成二十七年度版）で「ごんの年齢は？」という課題は、「子どものきつね」と「青年のきつね」という考えに分かれます。

また、「ごんのつぐないの始まりは、いつからか？」という課題では、第2場面の、「ちょっ、あんないたずらをしなけりゃよかった。」と、第3場面の「おれと同じ、ひとりぼっちの兵十か。」という考えに分かれます。考えが分かれることにより、「協働的」な学び合いになります。

学びのある課題を発見する
・迷ったり揺れたりするもの
・簡単に解決できないもの

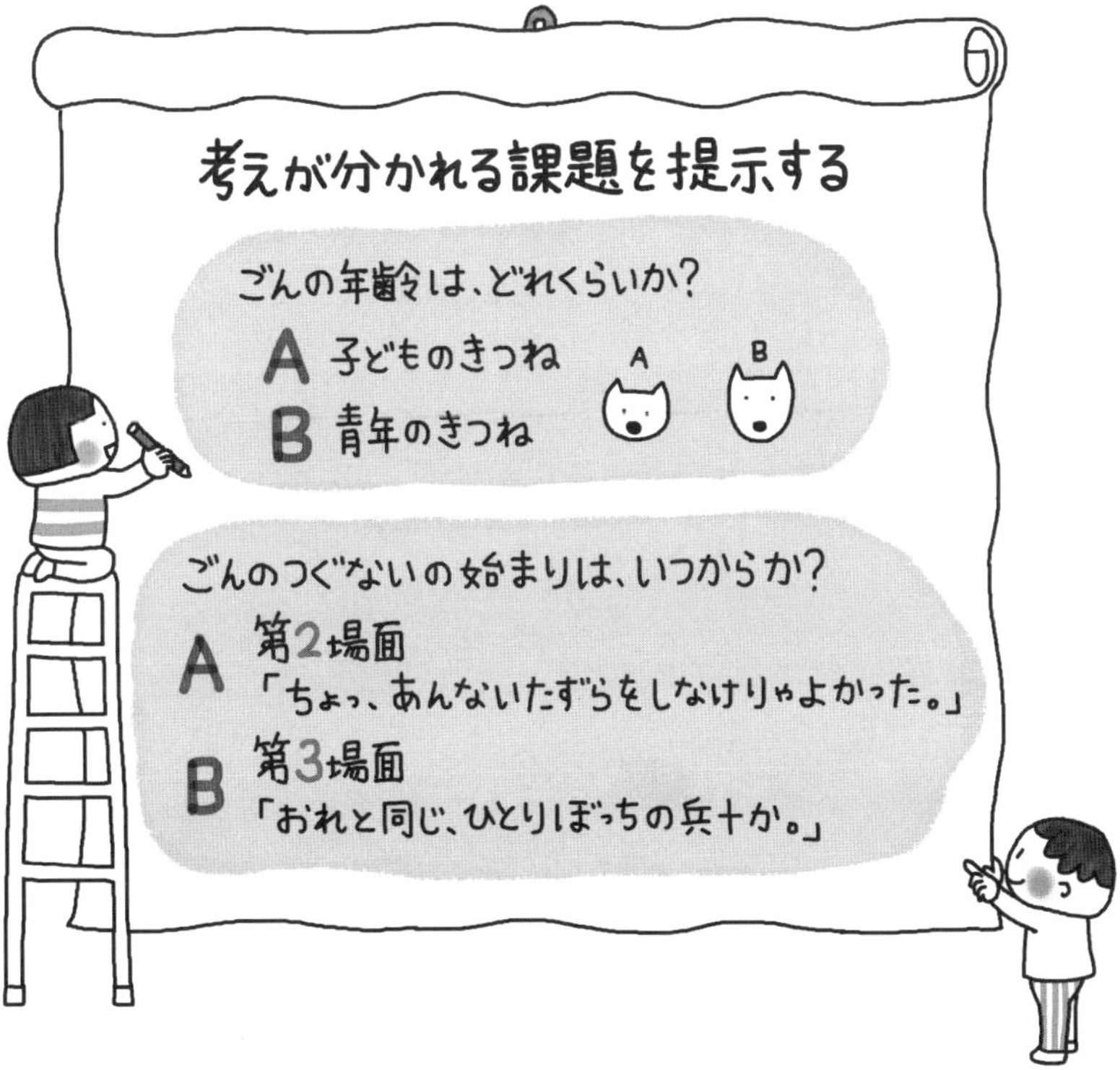
考えが分かれる課題を提示する
ごんの年齢は、どれくらいか?
A 子どものきつね
B 青年のきつね
A
B
ごんのつぐないの始まりは、いつからか?
A 第2場面
「ちょっ、あんないたずらをしなけりゃよかった。」
B 第3場面
「おれと同じ、ひとりぼっちの兵十か。」

基礎・基本 5

低学年における実践のポイント

●相手を意識して、話したり聞いたりする体験を積み重ねる

アクティブ・ラーニングは、「課題の発見と解決に向けて主体的・協働的に学ぶ学習」です。これを実現するためには、誰とでも話せる、なんでも話せる経験をたくさん積み重ねることが必要です。

そこで、低学年では課題の解決に向けて、次の三点をうまくできるようにします。

①ペアでの話し合い

話し手は、相手を見て話すようにします。聞き手は、相手を見て「うなずいて聞く」「相づちを打って聞く」など、相手を尊重して聞くようにします。

②グループでの話し合い

一人ひとりの話を最後までしっかり聞くようにし、聞いてもらってうれしかったという体験を積み重ねるようにします。話し合いでは、友だちの考えを聞いて、自分の考えをまとめる体験を積み重ねるようにします。

③学級全体の前での発表

学級全体の前で、自分の考えを発表する体験を積み重ねるようにします。その際、聞き手は話し手の内容によいところを見つけて発表したり、質問したりするようにします。

ペアでの話し合い

グループでの話し合い

学級全体の前での発表

基礎・基本 6

中学年における実践のポイント

●グループでの話し合いで自分の考えを広げ、深める話し合いを重点的に行う

中学年では、低学年と同じように、①ペアでの話し合い、②グループでの話し合いを継続して行います。また、学級全体での話し合いも行います。そして、発表だけでなく話し合いに発展させます。この中でも、「グループでの話し合い」を重点的に行うようにします。それは、中学年では、話し合いを通して自分の考えを広げ、深めることが大切だからです。学級全体の前で話すのには抵抗がある子どもでも、グループの中では気軽に自分の考えを話すことができます。

グループでの話し合いでは、次の三点を重点的に指導します。

①自分の考えをしっかりもつ（ノートに自分の考えをまとめることも行う）

②友だちの考えをしっかり聞きとり、自分の考えと比べる

その際、友だちの考えと同じところ、ちがうところはどこかを明確にする。

③自分の考えとのちがいを認め、友だちの考えの理由も理解し、課題についての考えを広げる

学級全体での話し合いでは、一人ひとりの子どもがグループでの話し合いで広げた自分の考えを発表し合うようにします。また、グループでの話し合いで、考えが一つにまとまれば、それを自分の考えとして発表するようにもします。そして、課題解決に向けて話し合い、考えを深めていくように導きます。

グループでの話し合いで自分の考えを広げ、深める話し合いを重点的に行う

①自分の考えをしっかりもつ

②自分の考えと友だちの考えを比べる

③自分の考えと友だちの考えのちがいを認め、考えを広げる

基礎・基本 7

高学年における実践のポイント

●学級全体で考えを広げたり、深めたりする学習をする

高学年でも、低学年や中学年のように、①ペアでの話し合い、②グループでの話し合い、③学級全体での話し合いを継続して行います。とくに高学年では、自分の考えを広げたり、深めたりする学習を、学級全体で行う機会を増やすようにします。

しかし、一人ひとりが自分の考えをもって、学級全体の前で自分の考えを発表すれば、話し合いは深められ、課題は解決できるでしょうか。話し合いが活発に行われ、たくさんの考えが出ても、それらの考えが絡み合わなければ、課題は解決されません。

そこで、学級全体での話し合いの方法を工夫します。

①グループ対グループの討論にする

各グループで話し合ったあと、それぞれのグループ代表が自分のグループの考えを述べ合い、課題解決に向けて討論を展開します。

②課題解決に向けて考えをAグループ、Bグループの二つにまとめ、討論する

正答はAかBかをめぐって、根拠や理由を挙げながら、グループ同士で討論します。

このようにすることによって、新たな発見があり、考えを広げたり、深めたりすることができます。

学級全体で考えを広げたり、深めたりする

①グループ対グループの討論にする

②課題解決に向けて考えをグルーピングして、討論する

基礎・基本
8

アクティブ・ラーニングの評価規準

三つの観点で評価する

アクティブ・ラーニング型授業を行ったあと、それについて評価することは、たいへん重要です。それは、指導方法の見直しにつながるからです。評価は、次の三つで行います。

①課題を発見することを主体的に行うことができたか

教師と子どもたちとの話し合いに主体的にかかわり、課題を発見しようとしていたかを評価します。

②課題解決に向けて子ども相互が話し合い、検討し合って、協働的に学ぶことができたか

話し合いでは、次の観点で評価します。

・自分の考えを、しっかり話すことができたか
・自分の考えと似ているところ、自分の考えとちがうところを見つけることができたか
・自分では気づかなかったちがった見方、新しい見方を知ることができたか

③学習活動を振り返って、自分自身の成長を意識することができたか

学習活動の振り返りでは、課題の発見と解決に向けて主体的・協働的に学ぶ学習が、自分にとって、どのような意味があったかを考えることが大切です。そして、振り返りによって、次の主体的・協働的な学びにつなげるようにします。

三つの評価規準

①課題の発見を主体的に行うことができたか

②課題解決に向けて主体的、協働的に学ぶことができたか

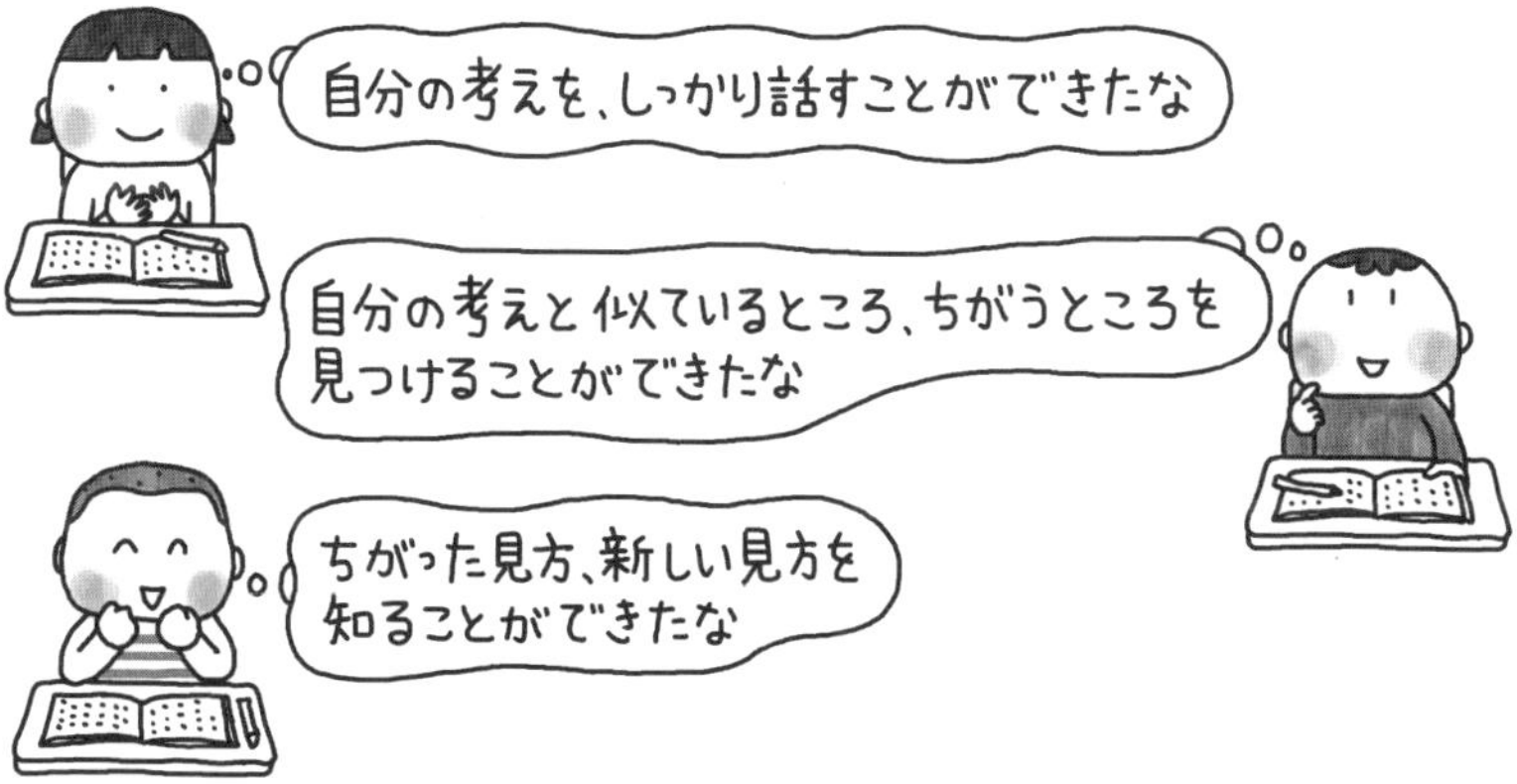

③学習活動を振り返って、自分の成長を意識することができたか

Column 1

「活動あって学びなし」の言語活動にならないようにする

教科書の学習の手引きには、「音読げきをしよう」「紙しばいを作って発表しよう」「のりものブックを作ってみんなにお知らせしよう」というような、いろいろな活動が提示されています。これらの言語活動は、単元の最後に設定されていることが多く、意外に時間がかかる活動になります。そのため、教師は大事な読みとりの授業を簡単にすませて、最後に設定されている言語活動に時間をかけようとしがちになります。

しかし、そこに力を入れすぎてしまうと、「活動あって学びなし」の国語授業になってしまいます。そもそも言語活動は、何をねらいとしているのでしょうか。何かを手づくりして発表したり、創作したりすることではありません。言語活動には、言語を活用して思考力・判断力・表現力を育成するというねらいがあります。子どもが文章を読んでいろいろと思考し、自分なりの考えや読みとりをもつことができるようにし、その考えや読みとりを表現することができるようにしていくことが大切です。

読みとりの学習と最後に設定された言語活動が切り離されていたり、最後に設定された言語活動に重点を置いた授業になっていたりすると、その単元で何を学習したかが不明確になります。読みとりの学習内容との関連を考えた言語活動にすることが大切です。

第2章

アクティブ・ラーニング型

国語授業を成功させる準備ポイント

準備ポイント1

教材研究なくしてアクティブ・ラーニングなし

●「活動あって学びなし」の授業にしない

「アクティブ・ラーニング」を生かした授業は、教師の説明中心の授業とはちがって、子どもたちは生き生きと楽しそうに学習に取り組みます。しかし、いくら喜んで主体的に学習に取り組んでいても、求められる国語力が身についていなければ、それは「活動あって学びなし」になってしまいます。

●教材研究にもとづいた「学び合い」にする

では、国語力が身につくアクティブ・ラーニング型授業にするには、どうしたらよいのでしょうか。それには、まず教師が教材研究を徹底して行い、深い教材研究にもとづいた学習課題を設定することです。次に、その学習課題を子どもたちが意見交流、話し合い、討論を通して試行錯誤し、正答にたどりつくように仕組みます。迷ったり揺れたりして試行錯誤するうちに、一人では体験できない多様な学びを体験することができ、新たな発見が生まれます。例えば、「スイミー」（光村図書『こくご二上』平成二十七年度版）で「スイミーがもっとも大きく変容したのはどこか？」を探す課題では、「ぼくが、目に　なろう。」の言葉をめぐって、スイミーの変容ぶりを読み解きます。「スイミーが目の役割を果たすことによって、大きな魚が完成した」「以前は指示するだけだったのに、こんどは目として参加している」など、話し合いで次々と新しい発見が生まれてきます。

深い教材研究をする

課題を設定する

話し合い・討論をする（学び合い）

課題を解決する（新しい発見）

準備ポイント2 学習課題の内容を検討する

●子どもたちが迷い揺れる課題にする

アクティブ・ラーニング型授業にするには、学習課題の内容がたいへん重要です。子どもたちが、迷い揺れるようなものでなければ、試行錯誤は起こらず、正答をめざして探究していこうという気持ちをもたせることはできません。例えば、「大造《だいぞう》じいさんとガン」（光村図書『国語五』平成二十七年度版）のクライマックスを探す学習課題では、A「残雪とハヤブサがはげしく戦っているところ」という考えと、B「大造じいさんが強く心を打たれて、ただの鳥に対しているような気がしなかったところ」という考えとに分かれ、子どもたちは試行錯誤します。

●子どもたちが考えたい課題にする

学習課題は、子どもたちが考えたい具体的な問いにすることも重要です。例えば、「大造《だいぞう》じいさんとガン」で、大造じいさんは「ウナギつりばり作戦」「タニシばらまき作戦」「おとり作戦」を行っています。最後の場面の、大造じいさんの「ひきょうなやり方でやっつけたかあないぞ。」という言葉から、これらの作戦の中に「ひきょうなやり方」があるかどうかを考えさせるのです。とくに、『おとり作戦』はひきょうなやり方かどうか？」については、何が「ひきょうなやり方」なのかをめぐって活発な話し合いが行われます。

子どもたちが迷い揺れる課題にする

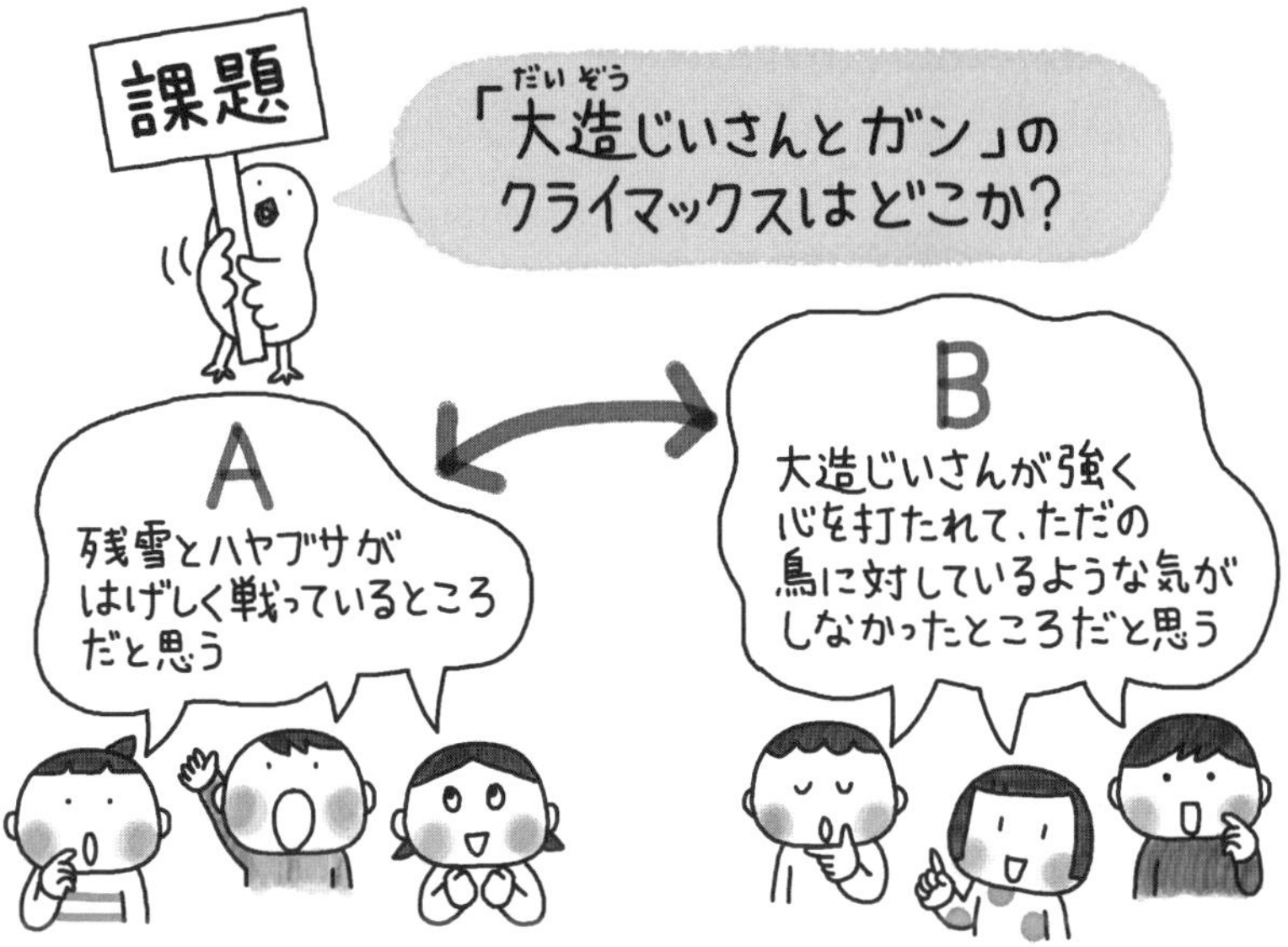

子どもたちが考えたい課題にする

準備ポイント3

アクティブ・ラーニング型授業を成功させる発問のつくり方

●「大きな発問」をつくる

発問には、三つのタイプがあります。大西忠治氏が『発問上達法』（民衆社）で述べているように、A「ゆれる発問」、B「大きな発問」、C「動かない発問」があります。A「ゆれる発問」は、子どもたちに自由に考えさせようとする発問です。B「大きな発問」は、学習課題を子どもたちに提示する発問であり、この発問だけでは正答に近づけないので、助言が必要になります。C「動かない発問」は、子どもたちがすでに知っていることを思い出させたり、整理したりする発問です。子どもたちが一つの学習課題をめぐって、相互に検討し合い、議論し合い、試行錯誤していくアクティブ・ラーニング型授業にするには、子どもたちが簡単には解決できない「大きな発問」をするとよいでしょう。

●既有の知識や認識方法では解決できない要素を含んだ発問にする

「大きな発問」には、子どもたちの既有の知識や認識方法では、うまく解決できない要素を含むようにします。そうすると、子どもたちは試行錯誤して、新しい発見をし、新しい知識、認識方法を身につけることができます。例えば、「ごんぎつね」（光村図書『国語四下』平成二十七年度版）で、「ごんと兵十の関係は、どのように変化したか？」という「大きな発問」は、ごんと兵十の相互の見方のすれちがいに着目し、考えなければ正答に近づけません。

既有の知識や認識方法では解決できない要素を含んだ発問にする

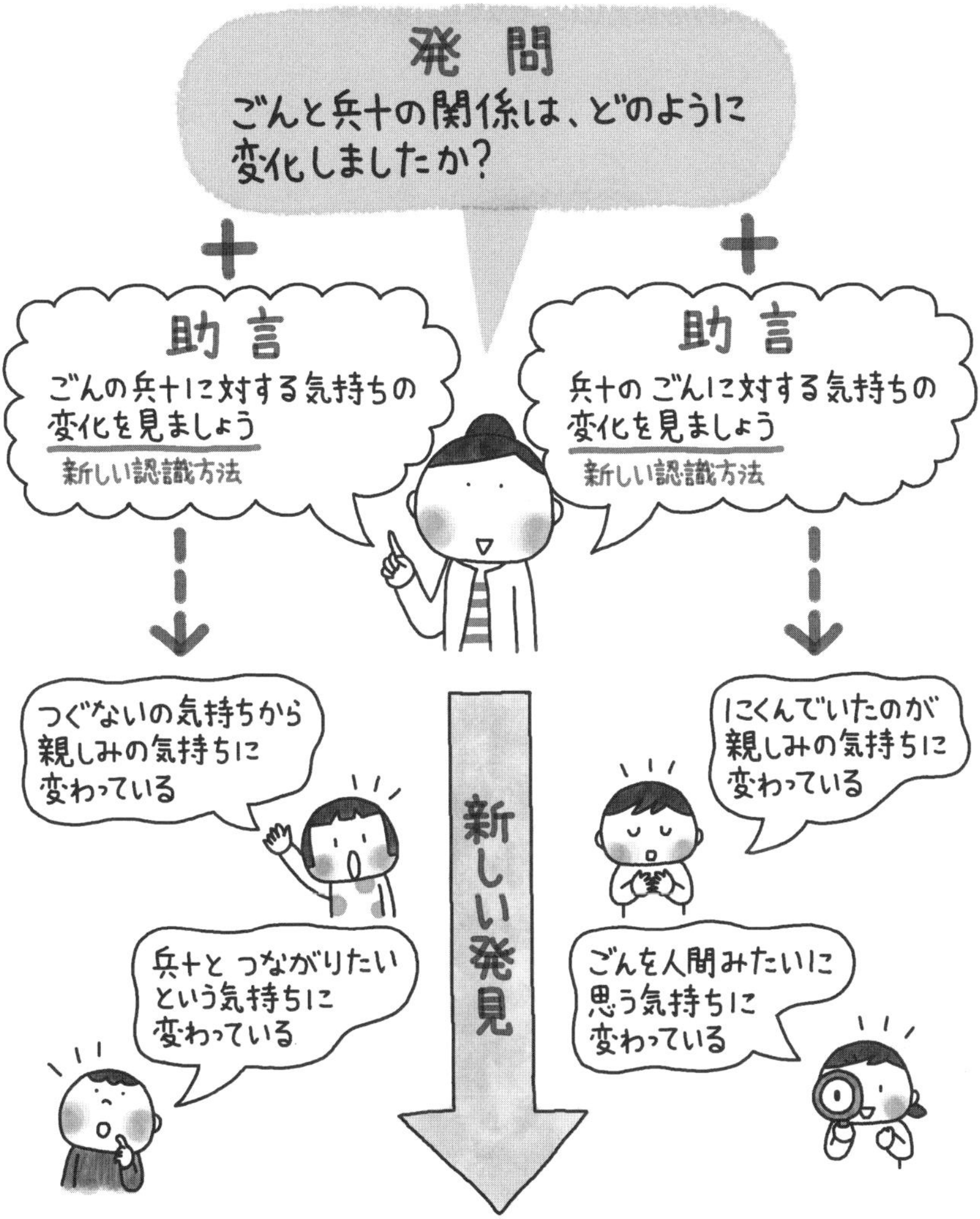

・人間とけものの関係から、人間同士の関係に変化した
・冷たい関係から温かい関係に変化した

準備ポイント4

アクティブ・ラーニング型授業を成功させる授業案

アクティブ・ラーニング型授業の成功には、授業の展開を次のように計画することが大切です。

①**まず、課題に対する興味を喚起して、学習への動機づけを行い、子どもたちが問題意識をもって、課題を設定するようにする**→その際、すべて子ども任せにするのはよくありません。子どもたちと教師とで検討しながら課題をつくるようにします。それは、課題が試行錯誤するようなものでなくてはならないからです。場合によっては、教師がある程度、課題を用意しておくのもよいでしょう。

②**次に、課題解決に向けて試行錯誤するような学びの過程を設定する**→ここでは、一人ひとりの子どもに自分の考えをもたせるようにします。そして、ペアやグループでの話し合いで考えを広げたり、深めたりさせます。最終的には、学級全体で話し合い、迷ったり揺れたりしながら、子どもたちの力で課題を解決できるように働きかけます。すなわち、他者との協働的な学びを通して、自分の考えを広げたり、深めたりして、新しい発見をさせるのです。

③**最後は、子どもたちが自らの学習活動を振り返って、次の学びにつなげていく**→学習活動の振り返りでは、課題解決に向けて、どのような学びの過程があったかを振り返るようにします。また、課題解決に向けてどのような交流、話し合い、討論があったか、対話的な学びの過程も振り返るようにもします。

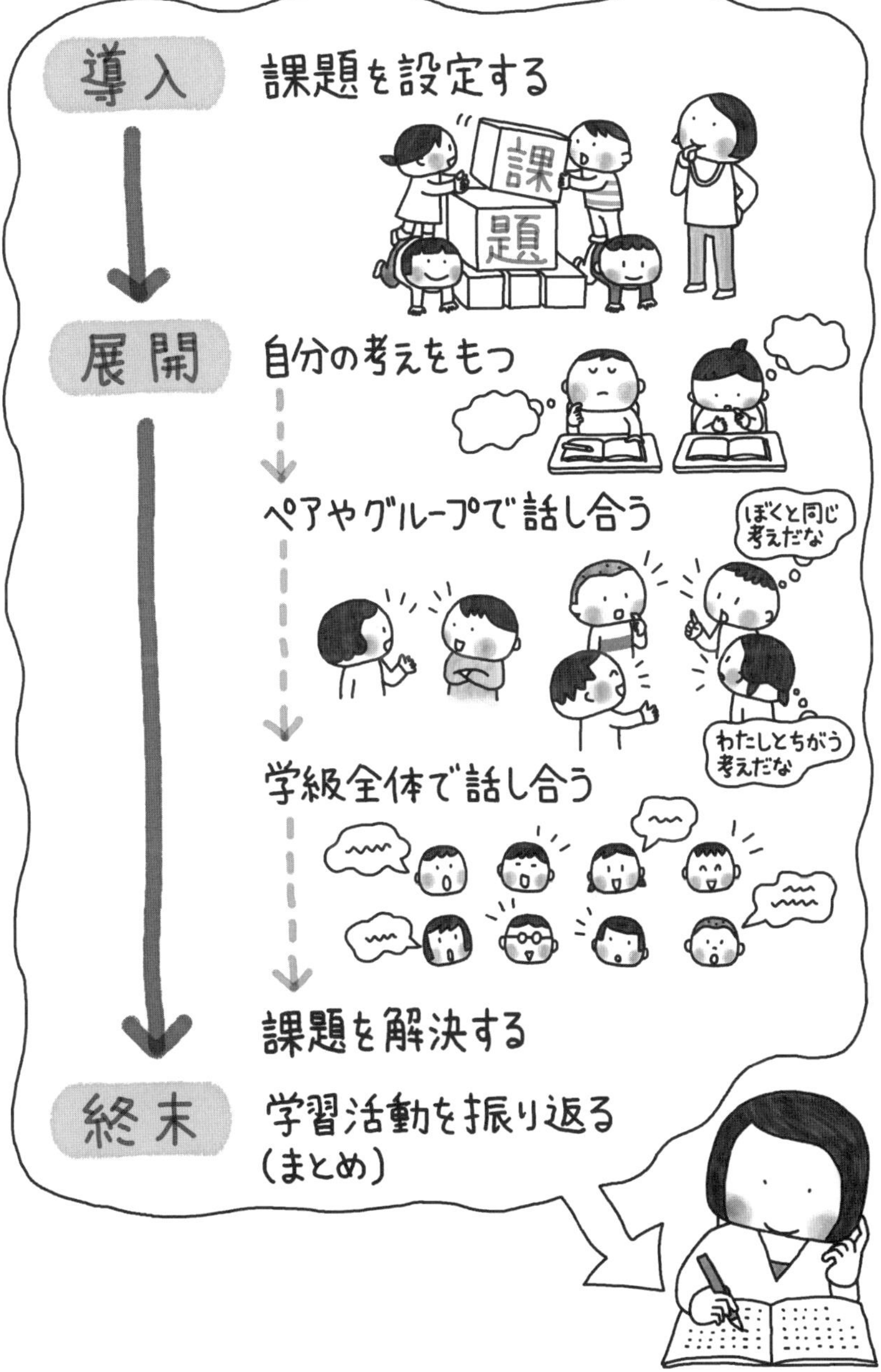
導入
課題を設定する
課
題
展開
自分の考えをもつ
ペアやグループで話し合う
ぼくと同じ考えだな
わたしとちがう考えだな
学級全体で話し合う
課題を解決する
終末
学習活動を振り返る（まとめ）

準備
ポイント
5

アクティブな授業にする指導ポイント

自分の考えをしっかりもたせる

アクティブな授業にするためには、指導ポイントがあります。一つめは、一人ひとりの子どもに自分の考えをしっかりもたせるようにすることです。自分の考えがないまま、あるいは、あいまいなままの状態で話し合っても、内容豊かな交流や話し合いにはなりません。

そこで、交流や話し合いの前には、必ず個人の考えをもたせる時間を設けるようにします。その際、「○○だと思う」と考えるだけでなく、どこからそう思ったのか、どうしてそう思うのか、根拠や理由も考えさせるようにします。根拠や理由をめぐって、交流や話し合いを深めることができるからです。

「探究型」の授業にする

もう一つは、一つの学習課題をめぐって、一人ひとりの子どもが自分の考えをしっかりもち、子ども同士が検討し合い、討論し、試行錯誤しながら正答を見つけていく「探究型」の授業にすることです。「探究型」の授業は、すんなりと正答が見つかる型の授業とはちがって、子どもたちの考えのちがいを大切にします。子どもたちは、考えのちがいをめぐって、話し合いや討論を行い、正答に近づいていきます。その過程で多様な見方があることに気づき、新たな発見が生まれます。これが、「探究型」授業のよさです。

自分の考えをしっかりもたせる

「探求型」の授業にする

準備ポイント6

主体的に学ばせるポイント

●迷いや揺れが生まれる学習課題にする

「主体的」とは、子どもたちが自分の意志や判断にもとづいて行動を決定する様子のことを言います。したがって、主体的に学ぶためには、学習課題について自分なりの考えをもち、数人のグループで交流し、それを検討するうちに、迷いや揺れが生まれながらも、最終的には自分の判断で自分の考えをつくっていくことが大切です。

とくに、迷いや揺れが生まれることがたいへん重要です。迷いや揺れがあるために、子どもたちはお互いに話し合い、検討し合い、試行錯誤を経て、やっと一つの結論にたどりつきます。この過程で粘り強く課題解決に向けて取り組み、主体的な学びをすることになります。

●主体的に学ばせるうえでのポイント

主体的に学ばせるうえで大切なことは、次の四つです。

①試行錯誤が起きる学習課題にする
②学習課題について見通しをもって粘り強く取り組ませる
③話し合い、討論など対話的な学びの過程を設定する
④自らの学習活動を振り返らせ、次につなげるようにする

主体的に学ばせるポイント

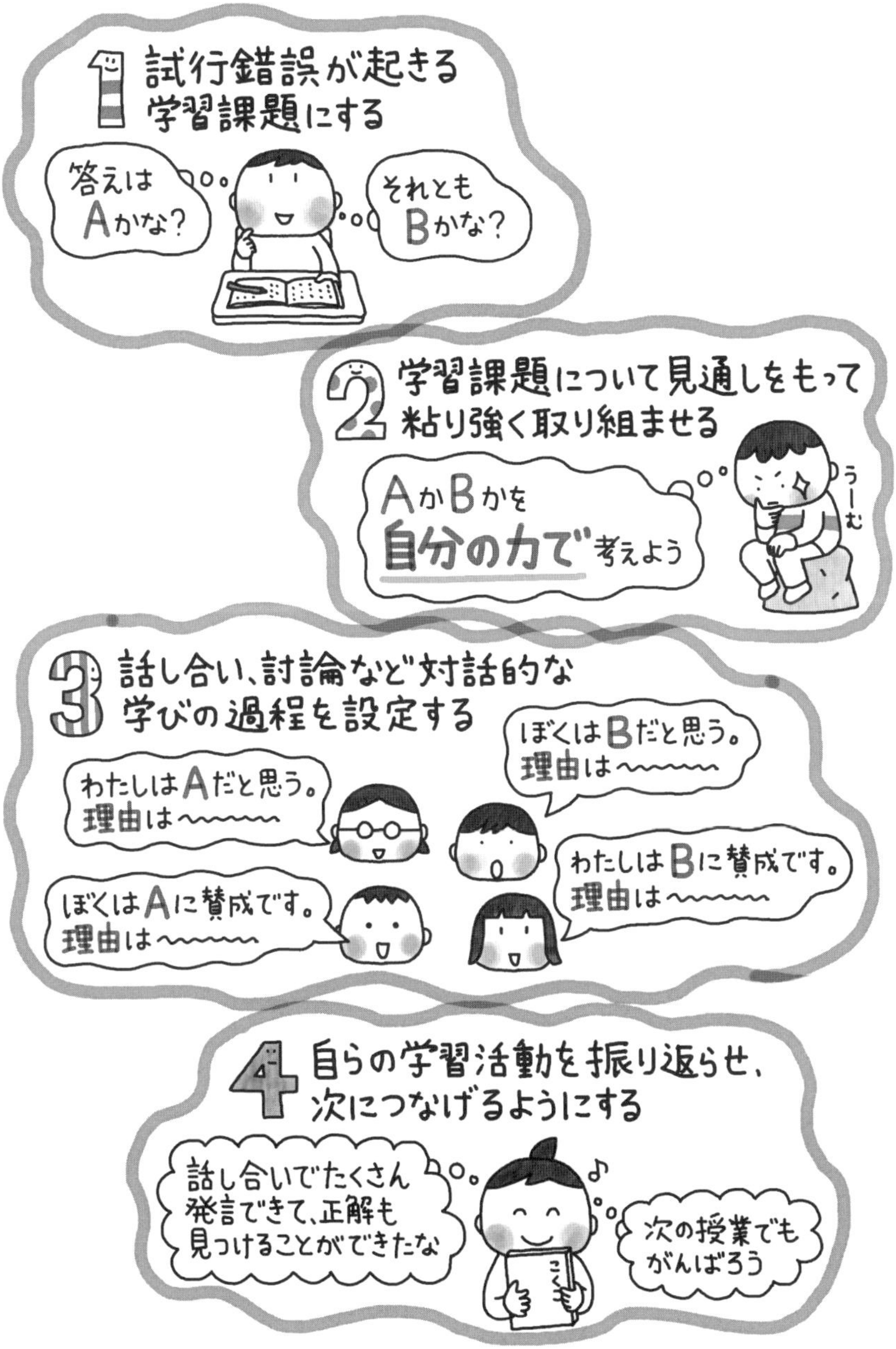

準備ポイント7

協働的に学ばせるポイント

●協働的な学びでは、一人ひとりが主体になって取り組むことが大切である

「協働」とは、学習課題が学級全員に提示されたとき、一人ひとりの子どもが自分の持ち味や得意な部分が生かせるようにお互いの役割を考えながら、学習課題の解決に向けて、協力して取り組むことをいいます。この言葉は、共同、協同とはちょっとちがいます。共同、協同は学級全員が協力して物事に取り組むことですが、一人ひとりの子どもは全体の中の一部という位置づけになります。例えるならば、みんなで共同作品をつくるイメージです。これに対して、「協働」は、一人ひとりに自分の作品をつくることが任され、ともに作品づくりをするイメージです。

●協働的に学ばせるうえでのポイント

協働的に学ばせるうえで大切なことは、次の四つです。

①すべての子どもに発言する機会を与え、発言を保障する
②一人ひとりの考えのちがいを大切にする
③話し合いや討論をすることによって、多様な見方ができるようにする
④話し合いや討論をすることによって、新たな発見があるようにする

協働的に学ばせるポイント

Column 2

ワークシート中心の授業にならないようにする

国語の授業では、ワークシートがよく使われています。子どもたちのノートを見ると、そこにはワークシートが貼ってあるだけのノートも見かけます。ワークシートを作ることは、授業で習得させせたい内容を明確にするというよさや、ノートとはちがって枠や見出しが書いてあったり、表の中の一部分にはすでに言葉が入れられていたりして、時間を効率よく使うことができるというよさがあります。

しかし、問題点もあります。ワークシート中心の授業は、ワークシートに自分の考えや答えを書き、その後は答え合わせをするという流れになり、授業が機械的になってしまいます。また、ワークシートだけの学習だと、枠の中を埋めることが目的になってしまいがちです。

これでは、子どもたちが課題解決に向けて、いっしょに学び合ったり、解決を図ったりすることができません。それでは、どのようにすればよいのでしょうか。

ワークシートの内容を教師が板書し、それを子どもたちにノートに書かせるようにすればよいのです。今まで作っていたワークシートを印刷しないでノートに書かせるようにすることによって、穴埋めをするだけの授業から抜け出すことができます。また、子どもたちには、ノートをとる力もつけることができます。

第 3 章

アクティブ・ラーニング型
国語授業を成功に導く！8つのポイント

成功に導くポイント1 課題設定のポイント

●アクティブ・ラーニングにふさわしい課題とは?

「アクティブ・ラーニング」は、課題解決の活用型の学習です。したがって、アクティブ・ラーニング型国語授業を成功に導くには、どのような課題を設定するかということが、たいへん重要になってきます。アクティブ・ラーニングにふさわしい課題は、課題解決することによって子どもたちに国語力が身につく質の高いものでなければなりません。質の高い課題とは、次のようなものです。

①子どもたちが迷い揺れるもの

例えば、「あめ玉」(光村図書『国語五』平成二十七年度版)の事件の始まり(発端)を探す課題では、A「舟が出ようとすると、『おうい、ちょっと待ってくれ。』……」とB「しばらくすると、一人の子どもが、『母ちゃん、あめ玉ちょうだい。』……」に分かれ、「あめ玉」の主要な事件とは何かをめぐって、話し合われます。

②答えの理由をめぐって多様な考えが出るもの

例えば、「ごんぎつね」(光村図書『国語四下』平成二十七年度版)のクライマックスが、「ごん、おまいだったのか、いつも、くりをくれたのは。」の理由として、「ごん」と親しみのある呼び方に変わったこと、「おまい」と人間のような呼び方をしていること、倒置表現を使って「ごん、おまいだったのか」を強調していることなどが考えられます。

子どもたちが迷い揺れるもの

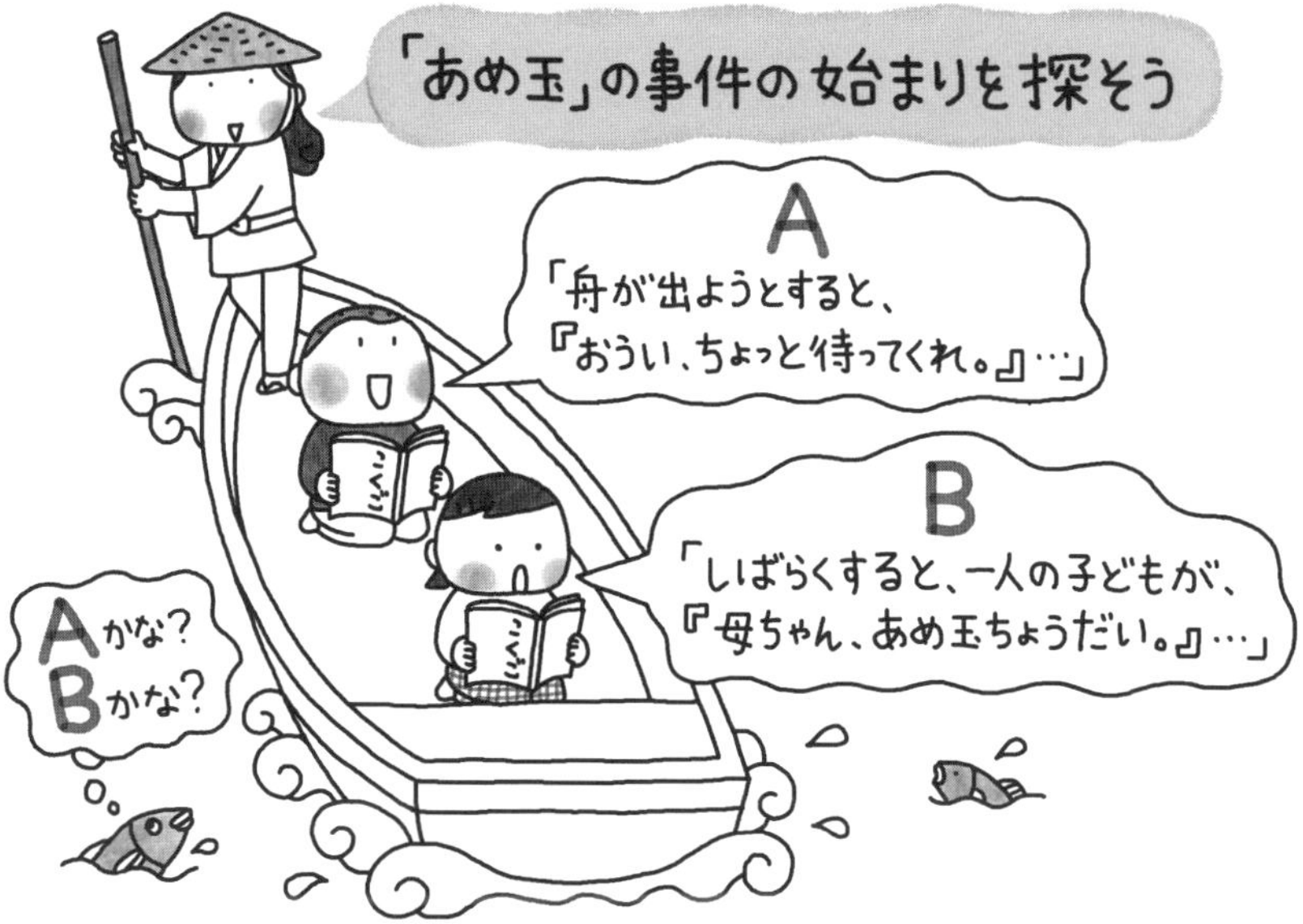

答えの理由をめぐって多様な考えが出るもの

成功に導くポイント2

学び合いのポイント

●授業の中に「学び合い」の場面を設定する

全員の子どもがわかるアクティブ・ラーニング型の授業にするには、「教師――子ども」の問答中心の授業ではうまくいきません。全員の子どもが学び合い、高め合うことができる授業にするには、授業の中に、①ペアやグループでの学び合いと、②学級全体での学び合いを設定することが必要です。

●グループでの話し合いと学級全体での話し合いを組み合わせる

学び合いで取り組みやすく、効果的なのが「話し合い」です。ペアやグループでの話し合いは、課題解決に向けて考えを広げたり、深めたりするうえで、たいへん重要なものです。しかし、そこでとどまっていたのでは、学級全体で課題を解決するところまではいきません。そこで、学級全体での話し合いが必要になってきますが、その内容を豊かなものにするためには、ひと工夫がいります。

それは、課題解決に向けて、学級全体で一人ひとりの子どもが自分の考えを述べ合うのではなく、グループで話し合った内容をグループ同士で述べ合い、討論するように工夫するのです。

すなわち、一人ひとりが課題解決に向けて考え（点をつくる＝考えをもつ）、それをペアやグループで話し合い（点をつなげて線にする＝考えを広げる）、さらに学級全体で話し合い（線を組み合わせて面にする＝考えを深め、高める）、課題を解決していくようにするのです。

グループでの話し合いと学級全体での話し合いを組み合わせる

一人ひとりが課題解決に向けて考える

ペアやグループで話し合う

学級全体で話し合う

成功に導くポイント3

話し合いのポイント

●話し合いで考えを広げ、深める

課題解決に向けて、一人ひとりの子どもに真剣に考えさせますが、その考えの広がりや深まりは十分ではありません。そこで、ペアやグループでの話し合いで自分の考えと友だちの考えとを交流させるようにします。また、学級全体での話し合いでも考えを交流させるようにもします。交流させることで、子どもたちは「そういう考えもあるのか」と新たな発見、気づきがあり、考えを広げたり、深めたりすることができます。例えば、「ごんぎつね」（光村図書『国語四下』平成二十七年度版）の最初の場面に、ごんが「ひとりぼっち」であることが書かれています。これについて交流すると、「親や兄弟がいなくて、ごんはさみしかった」という考えだけではなく、「ごんは、ひとりで生きていけるたくましさがある」といった考えも出され、新たな発見がもたらされます。

●話し合いで結論を導き出す

課題解決に向けての話し合いでは、交流を通して、一つの結論を導き出すようにします。子どもたちが活発に話し合って、いろいろな考えが出てきても、課題が解決されなくては話し合いの意味がなくなってしまうからです。しかし、結論を導き出す必要があるからといって、教師が解説してしまうのはよくありません。子どもたち自身の力で課題を解決することが大切です。

話し合いで考えを広げ、深める

話し合いで結論を導き出す

成功に導くポイント4

交流のポイント①

●交流とは何か?

「交流」は「伝え合い」と似ていますが、ちがう点があります。「伝え合い」は、お互いの考えを適切に表現したり、正確に理解したりすることです。これに対して、「交流」は、さまざまな考えを発信したり受信したりするとき、その考えはどういう意図で発信されているか、適切な言葉で表現されているか、きちんと理解することができるかなどについて意見を述べ合ったり、助言し合ったりして評価します。つまり、「交流」は「伝え合い」に「評価」という活動が加わったものです。「交流」を豊かに行えば、それは話し合いにつながり、考えを広げたり、深めたりすることになります。

●交流する際のポイント

交流する際のポイントは、次の三つです。

①交流する課題について、自分の考えをしっかりもつ
②相手の考え方や解釈について評価する（意見を述べる、助言する）ときには、お互いに信頼し合い、率直に述べる
③自分の考えについて相手から評価された（意見を述べられた、助言された）ときには、謙虚に自信をもって受けとめる

①交流する課題について、自分の考えをしっかりもつ

②相手の考え方や解釈について評価するときには、お互いに信頼し合い、率直に述べる

③自分の考えについて相手から評価されたときには、謙虚に自信をもって受けとめる

成功に導くポイント 5

交流のポイント②

●相手にわかりやすく伝える言葉を身につけさせる

交流をよりよく進めるためには、自分の考えを相手にわかりやすく伝えることが大切です。そこで、子どもたちに自分の考えを整理し、わかりやすく伝える言葉をたくさん身につけさせるようにします。

○「例えば」……考え方の例や事例を示す場合

「「スイミー」（光村図書『こくご二上』平成二十七年度版）の中でスイミーが小さな魚たちに教えた『けっして、はなればなれに　ならない　こと。』はすごくむずかしいことだと思うな。例えば、体育で並んで行進するのは、すごくむずかしいよ」

○「もしも」……仮定して、これまでの話には出ていない着眼点や状況を引き合いにする場合

「もしも、スイミーの体の色が『まっくろ』でなかったら、いくら小さな魚たちが力を合わせて『大きな魚』の形になっても、スイミーは、目にはなれないので『大きな魚』はできない。だから、スイミーは『まっくろ』だということを役立てたのだと思うな」

○「でも」……示された考え方や説明に対して、別の角度から検討したり、批判したりする場合

「「大造《だいぞう》じいさんとガン」（光村図書『国語五』平成二十七年度版）の中で大造じいさんのやった『おとりのガン作戦』は、ひきょうなやり方に思えます。でも、大造じいさんは二年間もおとりのガンを育て、自分の力でつかまえようとしたので、ひきょうではないと思うな」

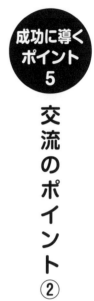

相手にわかりやすく伝える言葉を身につけさせる

「例えば」

考え方の例や事例を示す場合

「もしも」

仮定して、これまでの話には出ていない着眼点や状況を引き合いにする場合

「でも」

示された考え方や説明に対して、
別の角度から検討したり、批判したりする場合

成功に導くポイント6

交流のポイント③

●教師が共感の言葉を言う

交流をよりよく進めるためには、教師の言葉かけも大切です。まず、個人で考える場面で、子どもたちが自分の考えをノートに書いているときには、内容を読んで「なるほど」「よく気がついたね」などと心からの共感の言葉を言うようにします。すると、子どもたちは自分の考えに自信をもつことができ、交流する際には、積極的に話すようになります。

また、ペアやグループで考えを交流する場面でも、「なるほど」という心からの共感の言葉を教師が言うようにします。この言葉は、話し手の子どもに響くだけではなく、聞き手の子どもたちにも共感的に聞くことを促します。

●教師が根拠や理由を問い返す言葉を言う

交流の内容を豊かなものにするために、教師が子どもたちに考えの根拠や理由を問い返す言葉をかけることも大切です。「どこからそう考えたの？」と根拠を明確にするように働きかけたり、「なぜ、そう考えたの？」と理由を明確にするように働きかけたりします。このようにすることによって、話し合いがより具体的な考えを述べ合い、討論しながら進むようになり、交流の内容が豊かになります。

教師が共感の言葉を言う

教師が根拠や理由を問い返す言葉を言う

根拠を明確にさせる

理由を明確にさせる

成功に導くポイント7

振り返りのポイント①

●学びの過程を自覚化させる

学習活動を振り返るときには、課題に対する結果が「○○だった」ということを振り返るのではなく、どのような思考のプロセスをたどったかを振り返ることが大切です。すなわち、主体的な学びの過程が実現できているかどうかを振り返るのです。

例えば、「ごんぎつね」（光村図書『国語四下』平成二十七年度版）で「ごんの年齢はいくつくらいか？」という課題を出すと、A「子どものきつね」という考えと、B「青年のきつね」という考えが出てきます。Bの考えの子どもが「子ぎつね」と「小ぎつね」のちがいを指摘することで、体が小さいきつねであって、子どもではないことが明らかになります。さらに、「子どものきつね」ではない証拠を子どもたちは探し始めます。「ひとりでも生きていけるたくましさがある」「自分であなをほる力がある」「いたずらの内容が子どもではない」「見つかりやすい昼にいたずらをしてもつかまらない」「村人や風習をよく知っている」が出てきて、ごんは中学生から高校生くらいとなります。

このように、課題に対する考えがいくつか生まれ、課題解決に向けてその考えを交流することで、さらに考えが深まっていきます。この学びの過程を振り返るようにするのです。

このときに大事になってくるのが、板書です。板書で子どもたちに学びの過程を可視化し、どのような思考のプロセスをたどったかを自覚化させるのです。

学びの過程を自覚化させる

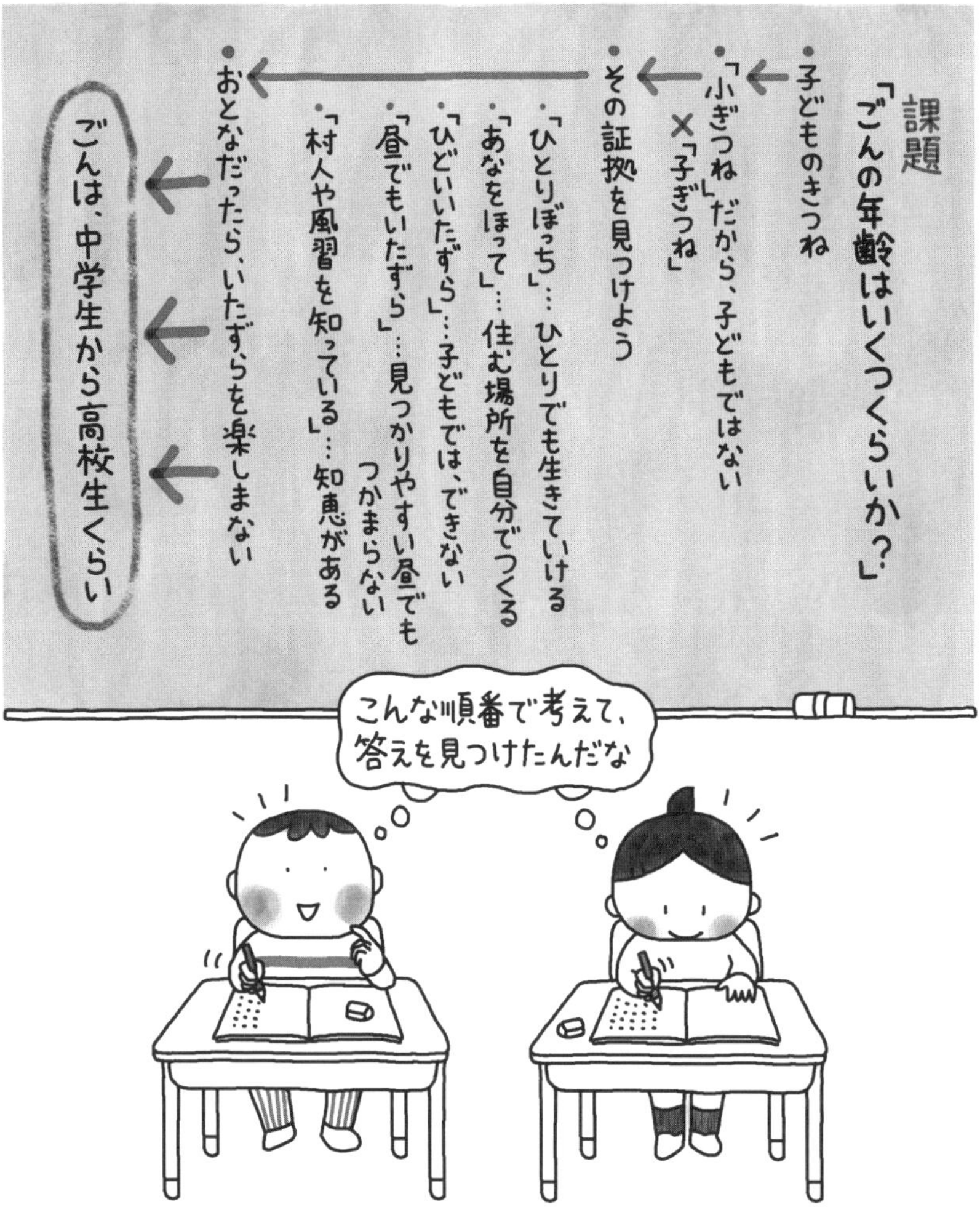

成功に導くポイント8

振り返りのポイント②

●対話的な学びの過程を振り返らせる

アクティブ・ラーニング型国語授業の終末時には、子ども自らが学習を振り返るようにさせます。課題解決に向けて、どのくらい対話的な学びの過程が実現できているかも振り返らせます。

振り返りの観点は、次の四つです。

①自分の考えを理由や根拠を挙げて話すことができたか
②友だちの考えをしっかり聞くことができたか
③賛成・反対などの立場を明確にし、理由や根拠を挙げて討論することができたか
④自分では気がつかなかったちがった見方、新しい見方を知ることができたか

振り返りをする際には、教師が対話的な学びの過程について、きちんと助言してあげることも大切です。例えば、「ごんぎつね」（光村図書『国語四下』平成二十七年度版）の導入部（前ばなし）のごんの人物像を読みとる授業において、課題追究のポイントになる発言をした子に対しては、「ごんは〈子ぎつね〉ではなく、〈小ぎつね〉で、子どものきつねではなく、体が小さいきつねだと発言してくれたので、話し合いを深め、新しい発見をすることができたね」と助言するのです。そして、対話的な学びの過程を振り返ったあとに、最後にもう一度自分ができるようになったこと、学んだことをノートに書き、まとめるようにさせます。

対話的な学びの過程を振り返らせる

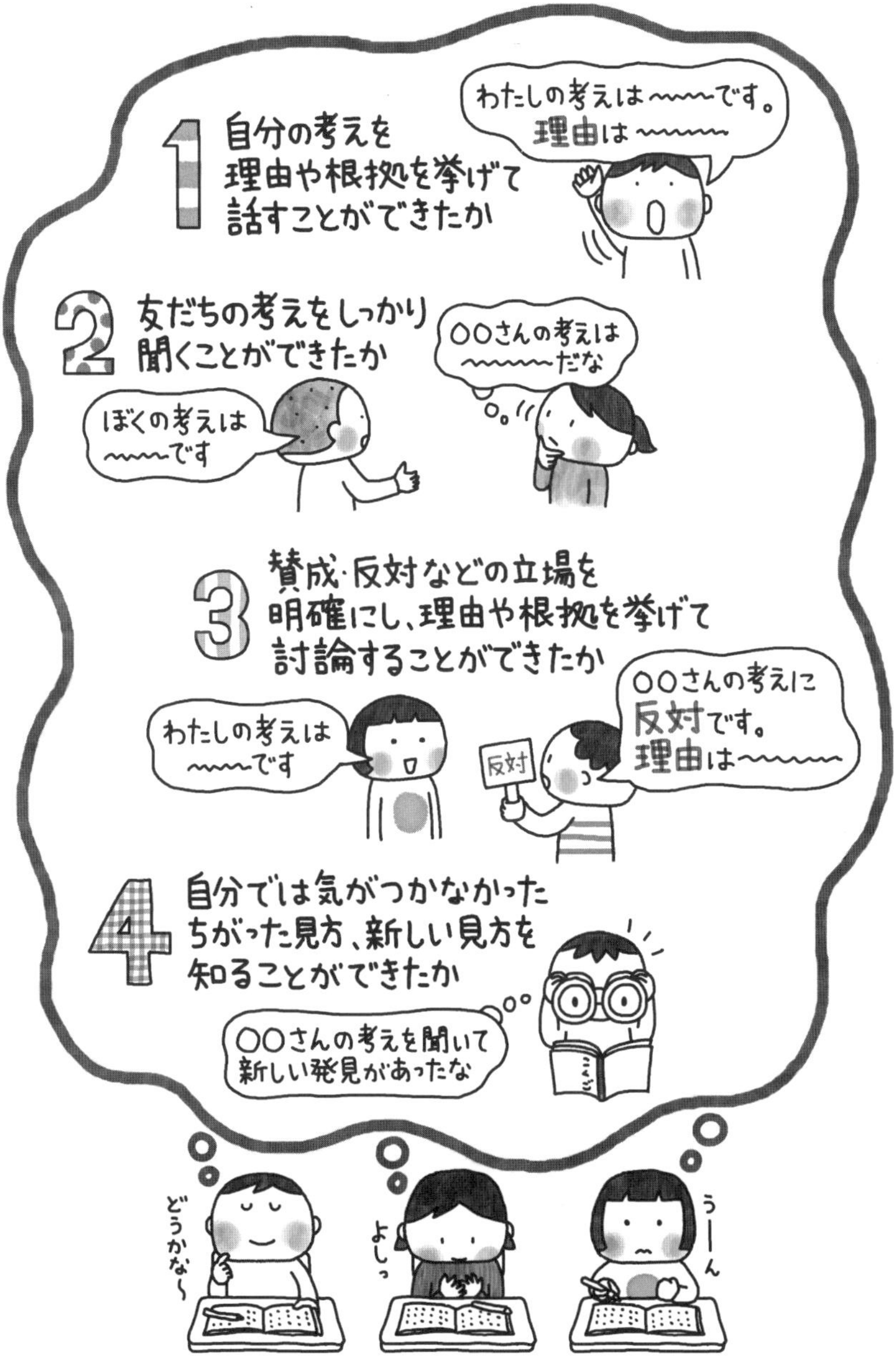

第3章
授業の成功ポイント

Column 3

物語の授業では「主人公の気持ちを考えよう」ばかりにならないようにする

物語の授業では、「○○場面の□□の気持ちは、どんな気持ちでしょうか？」という発問をして、登場人物の気持ちを考えさせせることがよく行われます。子どもたちからは、「さみしい気持ちだと思います」「かなしい気持ちだと思います」などの答えが出されますが、文章に気持ちが書かれていない場合には、教師はどの答えに対しても、「それもいいね」「それもいいね」と繰り返してしまうこともあるでしょう。しかし、答えをあいまいにしたままの授業は、教師も子どもたちももやもやした気持ちになり、子どもたちは「わかった」という実感をもつことができません。

物語の読みとりで大切なことは、登場人物の気持ちを勝手に想像していくことではなく、中心人物がどんなことによって、どのように変容したかを読みとることです。ですから、まず物語を読んで中心人物の変容がわかる箇所を見つけ、そこを重点的に読みとるようにします。次に、中心人物が変容した理由を考えるようにします。

このように、物語で何を読みとればよいかをしっかり課題設定して授業をすれば、「○○の気持ちはどんな気持ちでしょうか？」を繰り返す授業にはならないでしょう。教師も子どもたちも飽きてしまわないで、もっと楽しく物語を読むことができます。

第 4 章

主体的・協働的に学ぶ力を育てる

学習グループ・学習リーダーの指導ポイント

学習グループ・学習リーダーの指導ポイント 1

学習グループの最適な人数を考える

●四人で学習グループをつくる

グループ学習のよさは、少人数なので緊張しないで気軽に自分の考えを話すことができ、友だちと意見交流をすることによって、多様な考えを知ることができることです。また、少人数なので一人ひとりの子どもの発言回数を増やすこともできます。

したがって、グループの人数はこれらのよさを引き出すことができる人数でなければなりません。五人以上であると、決められた時間内で全員が何度も発言するのはむずかしくなります。また、二人や三人では、人数が少なすぎて多様な考えの交流がやりにくくなります。このようなことから、グループの人数は、四人が適当でしょう。

●ペアでの話し合いから四人での話し合いに移行する

四人のグループでも、いつも聞き役に回ってしまって、自分の考えを発表できない子がいます。また、低学年では、いきなり四人での話し合いがスムーズにいかないこともあります。このような場合には、隣の子どもとペアをつくり、二人で話し合うことから始めるとよいでしょう。

だんだん慣れてきたら、ペアとペアをくっつけて四人のグループで話し合うようにします。

四人で学習グループをつくる

ペアでの話し合いから四人での話し合いに移行する

学習グループ・学習リーダーの指導ポイント 2

学習グループのつくり方を工夫する

●座席の固まりを学習グループにする

四人の学習グループのつくり方には、いろいろな方法があります。一つめの方法は、前後左右の座席の四人を前から順番に、「一班、二班……」と座席の固まりで学習グループにする方法です。この方法は、生活班とはちがって、人間関係を考慮しないで機械的につくるので、気の合わない者同士が集まることがあります。また、話し合いを進める中心になる子が一人もいないこともあります。

●生活班を学習グループにする

二つめの方法は、生活班が四人の場合、それをそのまま学習グループとして使う方法です。生活班は学習だけではなく、給食時の席がいっしょだったり、そうじや係活動をいっしょにしたり、おしゃべりをしたりする関係なので、気心が通じ合っています。その分、話し合いがしやすくなります。

●学習内容に合った均等な学習グループにする

三つめの方法は、学習内容に照らして、学習グループの力ができるだけ均等になるように四人の学習グループをつくる方法です。学習グループ同士の話し合いが豊かになり、話し合いを深めやすくなります。

座席の固まりを学習グループにする

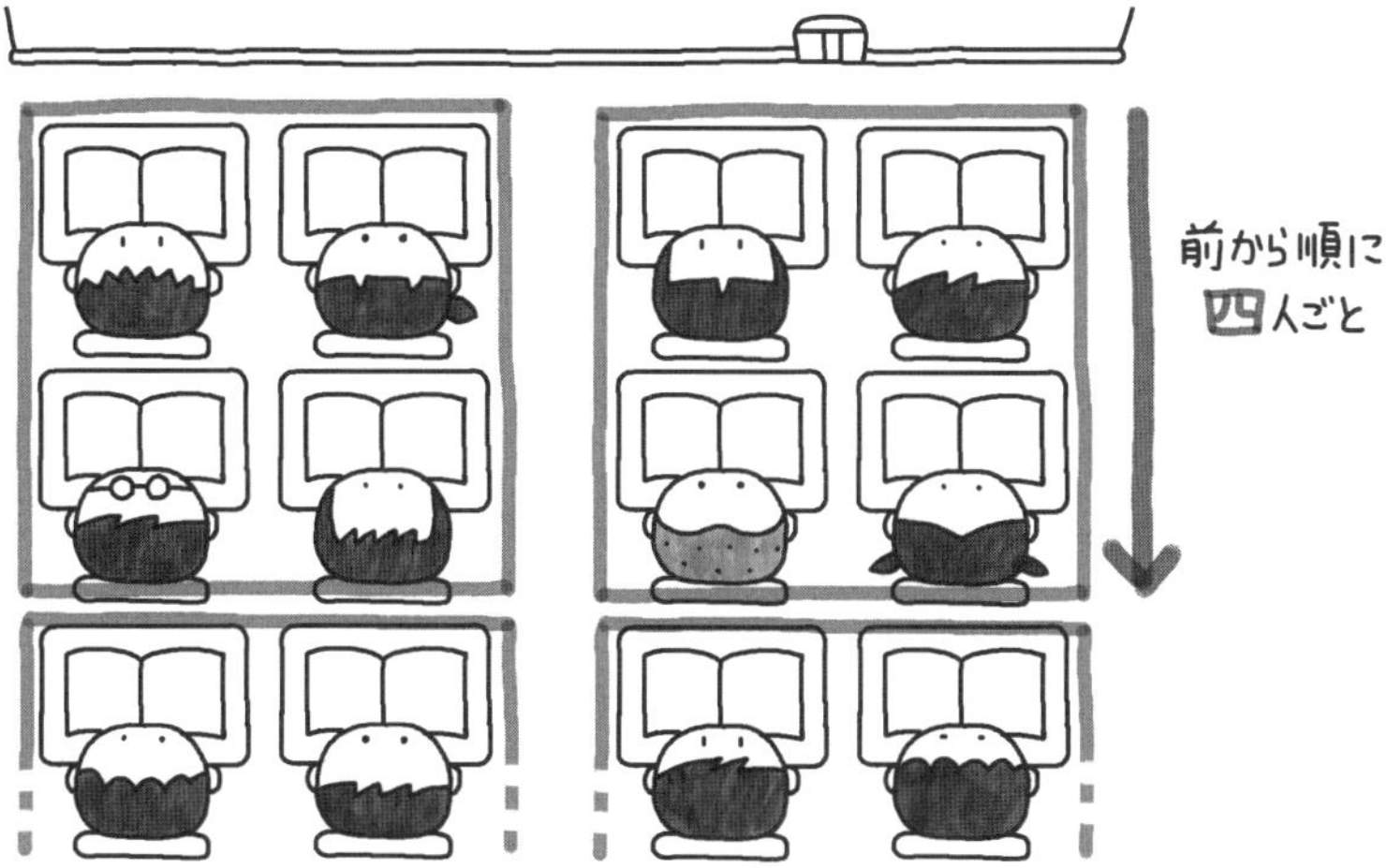

生活班を学習グループにする

学習内容に合った均等な学習グループにする

学習グループ・学習リーダーの指導ポイント 3

ペアや学習グループの座席の並べ方を工夫する

●ペアの座席の並べ方

ペアで話し合いをするときには、話し合う内容によって座席の並べ方を工夫します。

隣同士で自分の考えを交流させる場合は、時間もあまりかからないので、わざわざ机を向かい合わせる必要はありません。したがって、机は動かさないで、隣同士がちょっと体の向きを変え、向き合うような形で話し合うようにします。

隣同士でペアとしての考えをまとめる場合は、時間がかかるので隣同士の机を向かい合わせます。

●四人グループの座席の並べ方

四人グループの座席の並べ方も、話し合う内容によって座席の並べ方を工夫します。

四人の意見を交流させる場合は、四人のグループの前の座席の二人がいすと体の向きを後ろに変えて、後部座席の二人と対面する形にします。

四人グループでじっくり話し合ったり、考えをまとめたりする場合は、隣同士の机を向かい合わせて四人で一つの固まりの形をつくります。また、後部座席の二人はそのままで、前の座席の二人だけが机を向かい合わせる形もあります。

ペアの座席の並べ方

四人グループの座席の並べ方

学習グループ・学習リーダーの指導ポイント4

学習グループのリーダーを決める

●話し合いの世話をするのが学習リーダー

学習グループで話し合いをするとき、その話し合いの進行役を務め、話し合いでみんなの考えを交流させたり、内容を深めたり、まとめたりする人が必要になります。その仕事をするのが学習リーダーです。「リーダー」という言葉から、話し合いをてきぱきと進め、しっかりしていないと務めることができないと考えがちですが、そうではありません。学習リーダーは、「話し合いの世話をする人」というくらいの意味合いです。

したがって、話し合いの進行マニュアルを見ながら、誰でも話し合いを進めることができる仕事です。

●いろいろな学習リーダーの決め方

生活班がそのまま学習グループである場合は、生活班の班長が学習リーダーを務めます。座席の固まりを学習グループにしたり、学習内容に合った均等な学習グループをつくったりする場合は、グループでの話し合いにより子どもたちが納得する方法で、学習リーダーを決めます。

学習リーダーを固定しないで、輪番制にするなど定期的に交替して、学習グループの全員が持ち回りで学習リーダーを務める方法もあります。

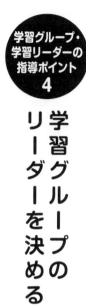

学習リーダーの決め方

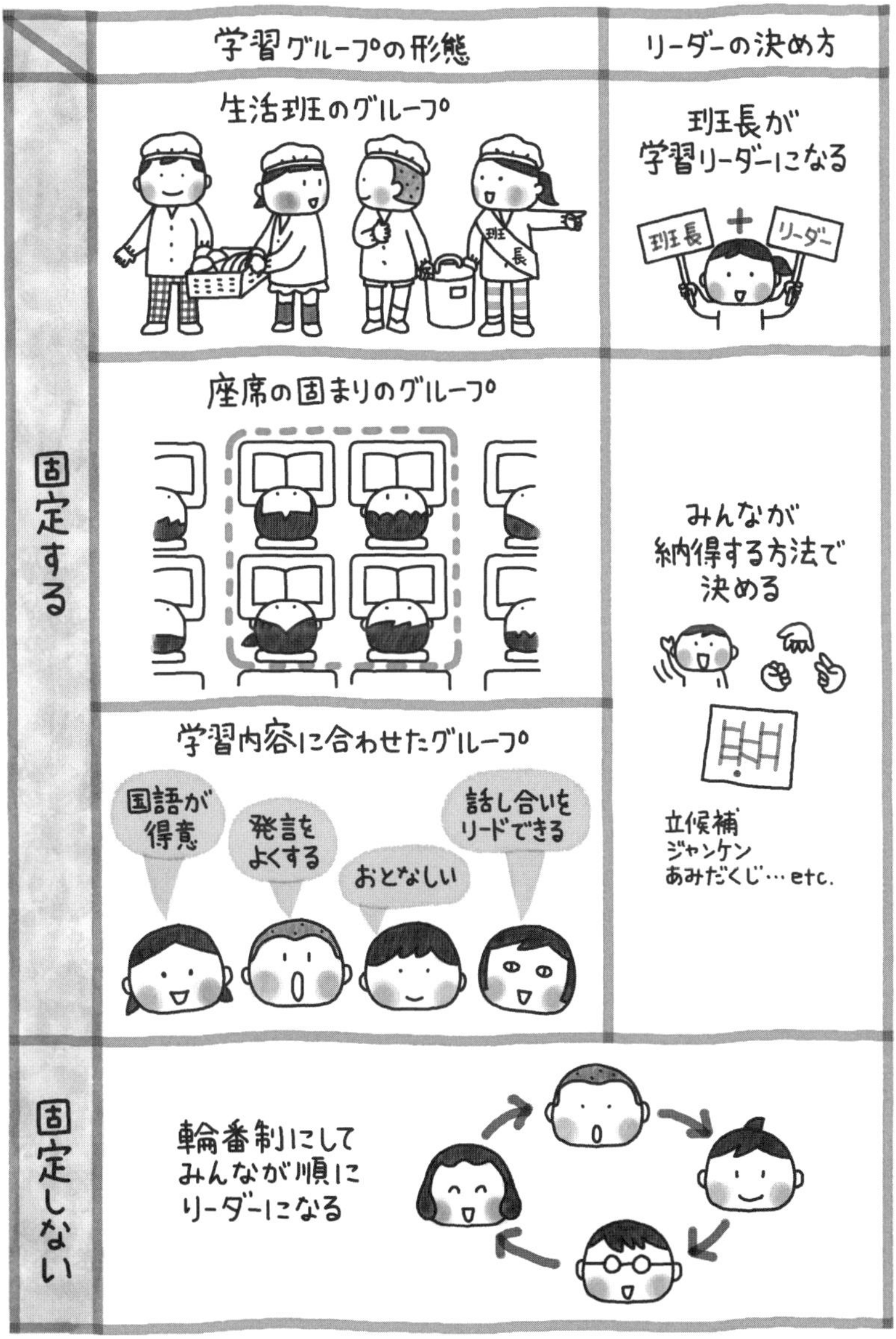
学習グループの形態
リーダーの決め方
固定する
生活班のグループ
班長
班長が
学習リーダーになる
班長
+
リーダー
座席の固まりのグループ
みんなが
納得する方法で
決める
学習内容に合わせたグループ
国語が
得意
発言を
よくする
おとなしい
話し合いを
リードできる
立候補
ジャンケン
あみだくじ…etc.
固定しない
輪番制にして
みんなが順に
リーダーになる

学習グループ・学習リーダーの指導ポイント5

学習グループのリーダーの仕事①

●学習リーダーの仕事①

学習リーダーの仕事には、次のようなものがあります。

①話し合う課題を確認する

「これから、○○について話し合います」と、学習グループのみんなに話し合う課題を確認します。

②学習グループのみんなに発言させる

「Aさんの考えを発表してください」というように順番に指名して、全員に発表してもらい、最後に学習リーダーが自分の考えを発表します。課題がむずかしくて、みんなが自分の考えがまとまらず発言できないときには、学習リーダーは真っ先に自分の考えを言ってみます。そして、その考えについてどう思うかをみんなに尋ねるようにします。

③話し合いが横道にそれないようにする

話し合いから外れる発表があったときには、「今は○○について話し合っています」と言って、話を元にもどします。

④話し合いの時間を守る

話し合いの時間が指示されていたら、できるかぎりその時間内に終わるようにします。

学習リーダーの仕事①

1 話し合う課題を確認する

2 学習グループのみんなに発言させる

各自の考えがまとまったとき

各自の考えがまとまらないとき

3 話し合いが横道にそれないようにする

4 話し合いの時間を守る

学習グループ・学習リーダーの指導ポイント 6

学習グループのリーダーの仕事②

●学習リーダーの仕事②

学習リーダーの仕事には、さらに次のようなものがあります。

⑤話し合いを豊かにする

話し合いで大切なことは、いろいろな考えがたくさん出てくることです。一人の子どもが考えを発表したら、みんなが「私も同じです」と言って話し合いがすぐ終わってしまうことがあります。その場合は、同じ考えでも、発表してもらうように学習リーダーが指示します。また、「もっとちがう考えはありませんか?」とたくさん考えを出すようにも促します。

⑥話し合いをまとめる

話し合いの終盤には、学習リーダーが話し合いを一つにまとめるようにします。しかし、学習グループの中で考えが分かれて、どうしても一つにまとまらない場合があります。そのような場合は、無理に一つにまとめないようにします。

⑦発表者を決める

「Bさん、発表してください」と学習グループの考えを発表する人を、学習リーダーが指名します。そして、時間があれば、発表内容を確認します。Bさんが発表に自信がないようだったら、学習グループ内で簡単なリハーサルをさせるようにします。

学習リーダーの仕事②

5 話し合いを豊かにする

6 話し合いをまとめる

一つにまとまる場合

一つにまとまらない場合

7 発表者を決める

学習グループ・学習リーダーの指導ポイント
7

学習リーダーたちと事前打ち合わせをし、事後評価をする

●学習リーダーたちと打ち合わせをする

学習グループでの話し合いや学級全体での話し合いをスムーズに行い、内容を豊かにし、深めるためには、事前の準備が必要です。事前の準備として、国語授業が始まる1～2分前くらいに学習リーダーたちを集め、授業の進め方について、簡単な打ち合わせを行います。授業内容によって伝える内容は多少ちがいますが、おおよそ次のことを指示します。

・学習グループでの話し合いでは、メンバー全員に発言させる
・できるだけたくさんの考えを出させ、それを深める
・グループとしての考えをまとめる。まとまらないときは、無理してまとめないようにする
・話し合いの時間が足りないときは、「時間をください」と言うようにする

●話し合いでよかった点、学習リーダーの働きぶりを評価する

国語授業の終末には、学習内容を振り返り、まとめをするとともに、学習グループでの話し合いや学級全体での話し合いの様子についてよかった点を評価します。その際、学習リーダーの働きぶりについても評価します。このようにすることにより、次回の話し合いでの活動意欲を引き出します。

学習リーダーたちと打ち合わせをする

話し合いでよかった点、学習リーダーの働きぶりを評価する

Column 4

「語句の意味調べ」は必要なときに行う

国語の授業では、新しい単元の始めの活動として「語句の意味調べ」が行われるのが一般的です。「語句の意味調べ」は辞書を引いて調べるため、個人差が大きく、なかなか同じようには調べ終わりません。調べなくてはいけない語句の数にもよりますが、たいへん時間がかかります。そのため、文章の読みとりに入るまでに時間を使いすぎてしまうこともあります。

どの単元でも行われているこの「語句の意味調べ」は、本当にいつも最初に行わなければならないのでしょうか。そんなことはありません。「語句の意味調べ」は、文章を読みとるために行うものです。文章をしっかり読んでいない段階で、辞書に出ている意味をノートに書き写しても、それはその言葉の意味を考えた辞書引きにはなっていません。あくまでも、文章を読みとるための準備作業です。

文章の中でその言葉がどのように使われているかによって、意味のちがいが出てくる場合があります。文章をしっかり読まないうちから「語句の意味調べ」をしても、その文章に合った意味をつかむことはできません。ですから、文章を読みとっていく段階で、意味のわからない言葉について辞書を引いて調べることが大切です。

「語句の意味調べ」はいつも最初に行うものだと機械的に考えずに、目的に合わせて、必要なときに行うようにするとよいでしょう。

第 5 章

主体的・協働的に学ぶ力を育てる

グループ学習の指導ポイント

グループ学習の指導ポイント1

一斉学習からグループ学習への移行をスムーズにする

●一斉学習→グループ学習への座席の並べ替えをスムーズにする

授業は、およそ導入→展開→終末（まとめ）という流れで展開されるのが一般的です。そして、授業の展開に合わせて、授業の節目で一斉学習からグループ学習へ、グループ学習から一斉学習へ移行されることがよく行われます。

それに合わせて、座席は全員が前向きの並べ方から学習グループの形の並べ方に変えるようにします。その際、座席の並べ替えを素早くスムーズに行い、すぐに学習に取りかかることが大切です。

●個人思考→学習グループでの話し合いの流れを工夫する

学習課題について、自分一人で考えるときには、一斉学習の座席のままで行うようにします。この座席のほうが、学習グループのときのように友だちと対面しないので、集中して考えることができるからです。

一人ひとりの子どもが自分の考えをもつことができたことを、教師は子どもに挙手をさせて確認します。そして、「学習グループになって、自分の考えを発表し合いましょう」と指示します。このような流れにすれば、個人思考→学習グループでの話し合いをスムーズに行うことができます。

一斉学習→グループ学習への座席の並べ替えをスムーズにする

グループ学習の指導ポイント2

学習グループでの話し合いの進め方マニュアルをつくる

●話し合いの進め方マニュアルをつくる

学習グループでの話し合いをスムーズに進めるためには、話し合いの進め方のマニュアルをつくっておくことが必要です。学習リーダー（司会）が、このマニュアルを見ながら話し合いを進めることができるので、時間内に効率よく話し合うことができるからです。

また、このマニュアルがあれば、誰でも学習リーダーを務めることができ、うまく話し合いを進めることもできます。

話し合いの進め方マニュアルの一例を紹介してみます。

①これから○○について話し合います。（**課題を確認する**）
②Aさんから発表してください。次は、Bさん発表してください。……（**考えを発表させる**）
③いろいろな考えが出ましたが、もっとちがう考えはありませんか？（**考えを広げる**）
④どの考えがよいと思いますか？　言ってください。（**考えを深める**）
⑤グループの考えをまとめます。（**考えをまとめる**）
⑥○○という考えでいいですか？（**考えを確認する**）
⑦Cさんがグループの考えを代表して発表してください。（**発言者を決める**）

話し合いの進め方マニュアルをつくる

1. （リーダー）	これから〇〇について話し合います。	課題を確認する
2.	Aさんから発表してください。次は、Bさん発表してください。	考えを発表させる
3.	いろいろな考えが出ましたが、もっとちがう考えはありませんか？	考えを広げる
4.	どの考えがよいと思いますか？言ってください。	考えを深める
5.	グループの考えをまとめます。	考えをまとめる
6.	〇〇という考えでいいですか？	考えを確認する
7.	Cさんがグループの考えを代表して発表してください。	発言者を決める

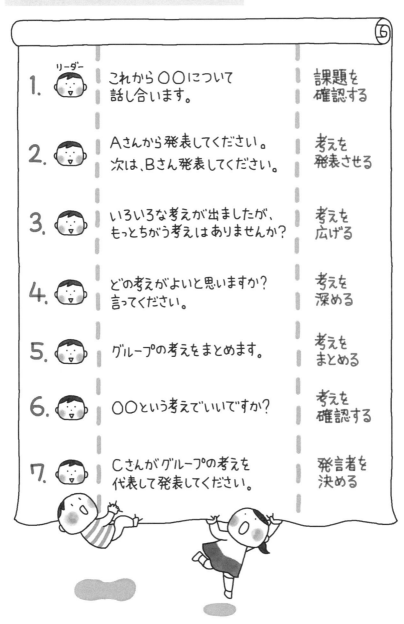

グループ学習の指導ポイント3

学習グループでの話し合いの回数

●学習グループでの話し合いは45分間で二回くらいにする

学習グループで学び合いをする場面は、「本時のねらい」を達成するうえで必要な学習課題に迫るときです。そこでは、子どもたちに主要な発問をします。主要な発問は内容が重く、大きいのが一般的です。したがって、45分間の授業の中で、主要な発問は二つくらいが適当です。一つの主要な発問に対して理解を深めるのに、20分くらいかかるからです。したがって、学習グループでの話し合いは、一時限で二回くらいが適当でしょう。

●学級全体での話し合いが深まらないときは、もう一度学習グループで話し合う

ただし、学習グループで話し合ったことを学級全体で発表し合い、また、話し合いを通して理解を深めるのが基本ですが、うまくいかない場合があります。そうした場合には、もう一度、学習グループで話し合いをさせて、理解を深めるようにします。例えば、「ごんぎつね」（光村図書『国語四下』平成二十七年度版）のクライマックスをめぐって、A「ごんを、ドンとうちました。」と、B「『ごん、おまいだったのか、いつも、くりをくれたのは。』」の考えが出たものの、話し合いが深まらないときは、「AとBでは『ごんぎつね』はどんな事件かについての考えがちがうね。主要な事件はなんなのかについて、グループでもう一度話し合いましょう」と再考させます。

学習グループでの話し合いは45分間で二回くらいにする

学級全体での話し合いが深まらないときは、もう一度学習グループで話し合う

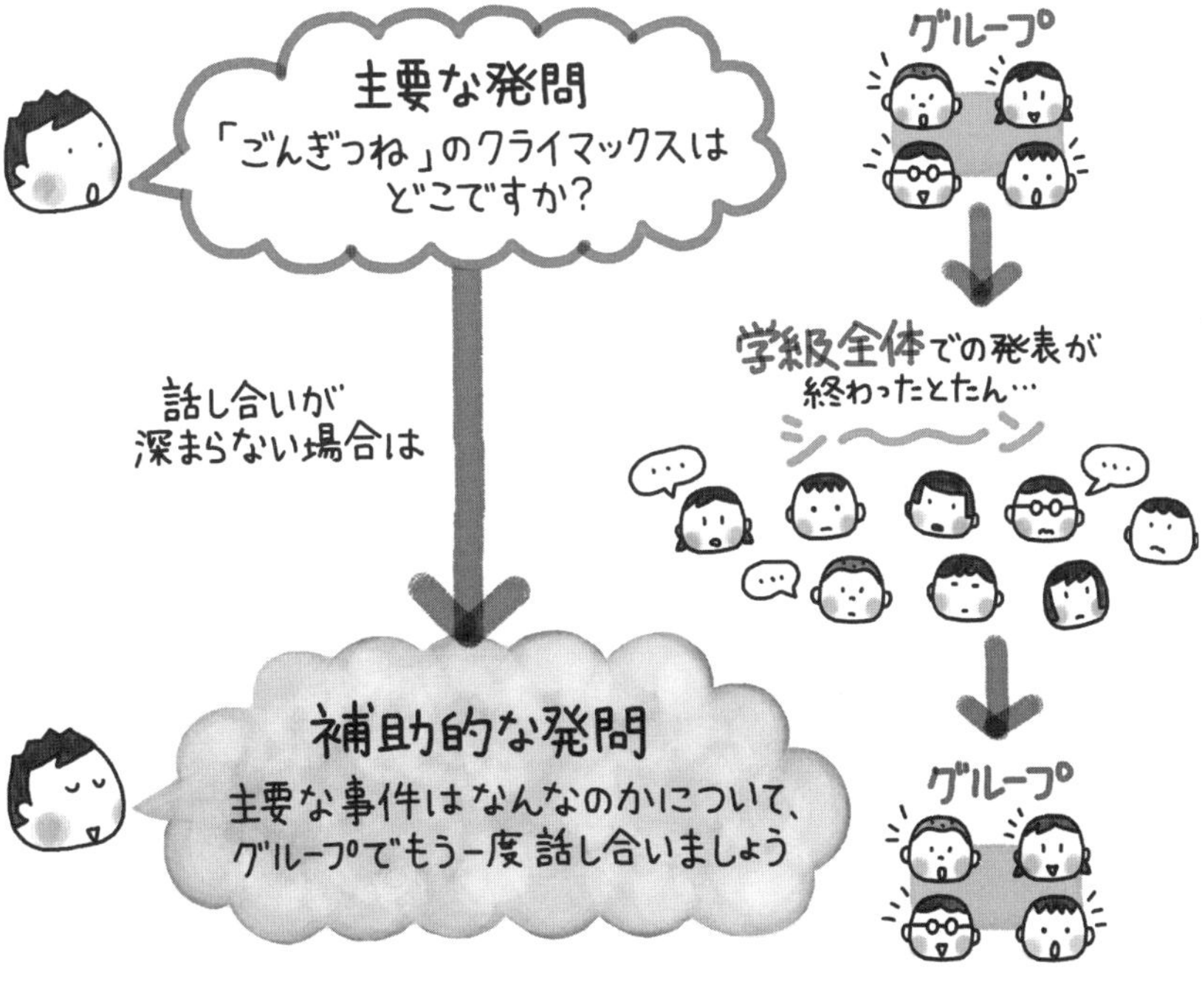

グループ学習の指導ポイント4

学習グループでの話し合いの時間

●学習グループで話し合う時間になじませる

学習グループでの話し合いの時間をどのくらいにするかということは、とても重要です。授業時間は45分間です。この時間の中で学習グループでの話し合いをし、さらにその話し合いの結果を学級全体に発表し、話し合うのですから、時間がかかります。

したがって、学習グループで話し合う時間は、そんなにたくさんはとることができません。一回の話し合いに使う時間を決めておき、その時間の感覚を子どもたちになじませておくようにします。

●学習グループで話し合う時間は3〜5分間にする

では、学習グループで話し合う時間は、どのくらいがよいのでしょうか。学習グループの人数が四人ならば、3〜5分間くらいが適当です。この時間は、けっこう窮屈な時間のように思えますが、てきぱきと話し合いを進めるようにすれば、十分に話し合いができる時間です。

教師が話し合いの時間を指示しないで、無制限に話し合い時間を与えると、だらだらとした話し合いになったり、むだなおしゃべりが始まったりします。3〜5分間で話し合いが終わらない場合は、学習リーダーに「もう少し時間をください」と時間要求をするように事前に指導しておきます。

✕ 話し合いの時間を指示しない

○ 話し合いの時間を３～５分間にする

グループ学習の指導ポイント5

学習グループでの話し合いを豊かなものにする

●たくさんの考えを出し合うようにする

学習グループでの話し合いのねらいは、一人ひとりの子どもの考えを交流させ、「そういう考えもあるのか」と新たな気づき、発見を引き出すことにあります。学習グループで話し合いをして、一つの考えしか出てこなかったら、話し合いは豊かなものになりません。

一つの考えしか出てこない場合は、「よい点と悪い点の両方から考えてみましょう」「立場を変えて考えてみましょう」と教師が助言して、もっとちがう考えが出てくるように促します。

●理由や根拠をたくさん出し合う

学習グループでの話し合いを豊かにする方法が、もう一つあります。それは、一つの考えしか出てこなくても、そのように考える理由や根拠はさまざまだということです。その理由や根拠を出し合うようにするのです。例えば、「スイミー」（光村図書『こくご二上』平成二十七年度版）のクライマックスは、「ぼくが、目に　なろう。」という箇所ですが、その理由はいろいろ考えられます。「目になろう。」という言い方で、リーダーとしての自覚が読みとれること、目の役割を果たすことではじめてみんなといっしょになって大きな魚を完成させられたこと、自分の体がまっくろなことを役立てていることなどです。このように理由をたくさん出し合って、話し合いの内容を豊かにするのです。

たくさんの考えを出し合うようにする

理由や根拠をたくさん出し合う

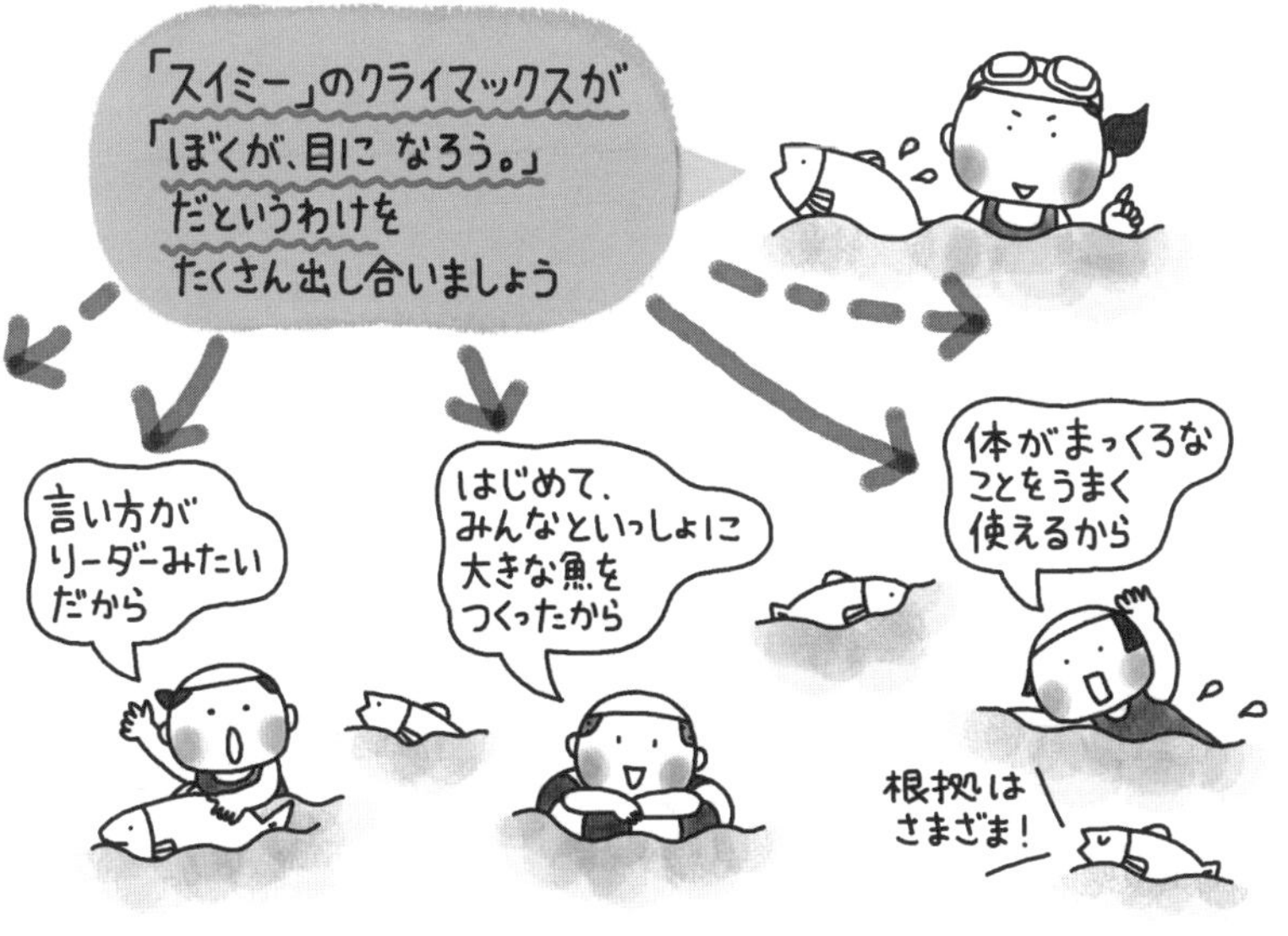

グループ学習の指導ポイント6

話し合いがつながるように工夫する

●話し合いが必要な理由

授業の中で、話し合いが必要なのは、次のような長所があるからです。

・話し合いによって、さまざまな考えを交流させることができる
・話し合いで考えを交流させることによって、新たな考えが生まれてくる
・話し合いによって、自分一人ではわからない子、できない子も大事にされ、自分の考えをもてるようになる（四人の学習グループでの話し合いの場合）
・話し合いによって、すべての子どもに発言する機会を与え、発言を保障できる（四人の学習グループでの話し合いの場合）

●「同じです」「いいです」という言葉を言わせないようにする

話し合いでは、発言内容が同じでも、「同じです」「いいです」と言わせないことが大切です。それは、「同じです」という言葉を子どもたちが言うと、その時点で話し合いが終わってしまい、話し合いがつながらないからです。同じような内容でも、子どもたち一人ひとりの発言内容は微妙にちがっています。「同じ内容でもいいので言ってごらんなさい」と子どもを励まし、どんどん話をさせるようにします。

話し合いが必要な理由

「同じです」「いいです」という言葉を言わせないようにする

Column 5

音読練習をさせてからみんなの前で音読させる

教科書を音読させると、小さな声でしか読むことができない子どもや、すぐつっかえてしまってすらすら読むことができない子どもがいます。教師なら誰でも、どの子どもにも力強い声で読ませたいと思います。そのため、「もっと大きな声で読んでごらんなさい」と声をかけますが、うまくいきません。

子どもの音読の声が小さい原因を見つけ、それを取り除いてあげることが必要なのです。子どもの音読の声が小さい原因には、次のようなことが考えられます。

・みんなの前で読むのが恥ずかしい
・まちがえたら笑われてしまわないか心配である
・音読することに慣れていない
・すらすら読めないので音読することに抵抗がある

ですから、いきなり音読させるのではなく、まず子どもたちには自分一人で音読させることから始めていくとよいでしょう。このとき、すらすら読めなくても、小さな声でもよいのです。みんなの前で音読するためのウォーミングアップの段階だからです。

次に、隣の席の子どもと二人組をつくり、一文ずつ交替で読むようにします。そして、読めない漢字や読みまちがいがあれば、指摘し合うようにします。このようにして、子どもたちに音読に慣れさせ、自信をもたせてから、みんなの前で一人ずつ音読させるようにするとよいでしょう。

第 6 章

主体的・協働的に学ぶ「話し合い」を

効果的に進めるための準備ポイント

「話し合い」を効果的に進めるために 1

いろいろな形態の話し合いをさせる

●話し合いで「思考力」「判断力」「表現力」を育てる

授業では、子どもたちによる話し合いが欠かせません。それは、課題について一人ひとりの子どもが自分の考えを出し合いながら正答に近づいていったり、自分では思いつかないような考えがあることに気づいたりすることができるからです。話し合いは、子どもたちの思考力・判断力・表現力を育てます。

●いろいろな形態の話し合いを行う

①ペアでの話し合い

隣の席の子と自分の考えを交流させるための話し合い。話し合いによって、自分の考えに自信をもつことができたり、考え直すことができたりします。

②四人グループでの話し合い

グループの四人でそれぞれの考えを交流させるので、いろいろな考えに触れることができます。考えを交流させるだけではなく、グループとしての考えを導き出すことも行います。

③学級全体での話し合い

学級全体で意見交流をするため、たくさんの考えに触れることができるよさがあります。

ペアでの話し合い

四人グループでの話し合い

学級全体での話し合い

「話し合い」を効果的に進めるために 2

ペアでの話し合いをスムーズに行えるようにする

●ペアで気軽に話すようにさせる

発言するのが恥ずかしくて発言しない子、発言内容に自信がなくて発言しない子は、学級の中にたくさんいます。このようなときには、まずペアで気軽に話すようにさせます。その際には、個人で考える時間をとってから話し合いをさせることが大切です。自分の考えをもっていないときに、いきなり話し合いをさせても、うまくいかないからです。

●交流するときのルールをつくる

ペアで考えを交流するときには、次のような交流のルールをつくっておくと、スムーズにいきます。

・一人だけが話すのではなく、二人とも話す
・沈黙の時間をつくらずに、どんどん話す
・「わたしは□□だと思います。そのわけ（理由）は……だからです」という話型で話す
・話型を意識しすぎてうまく話せないときは、日常的なおしゃべりのように話す
・「よい考えだな」と思ったら、学級のみんなにも話す

ペアで交流するときのルール

「話し合い」を効果的に進めるために 3

学級全体の話し合いでの座席の並べ方を工夫する

●座席の並べ方を工夫すると、話し合いが活性化する

学級全体で話し合いをするときに、話し合いを活性化させ、深まりがあるものにするには、座席の並べ方が、たいへん重要です。座席によって、雰囲気が変わり、気軽に発言できるようになったり、話し手の発言内容を集中して聞くことができるようになったりするからです。

●座席の並べ方の種類

①グループ型の座席

四人グループの場合は、隣同士の机を向かい合わせて、四人で一つの固まりをつくります。その際、廊下側と窓側のグループは黒板に対して少し斜めにすると、板書が見やすくなります。

②コの字型の座席

学級全体での話し合いでは、お互いの顔を見合って話すのがいちばんよい形です。コの字型の座席は、学級全体を見渡すことができ、どの座席から発言しても、発言者の顔が見やすく、集中できるよさがあります。また、教師も子どもたちの近くまで行くことができるので、指導がしやすくなります。

グループ型の座席

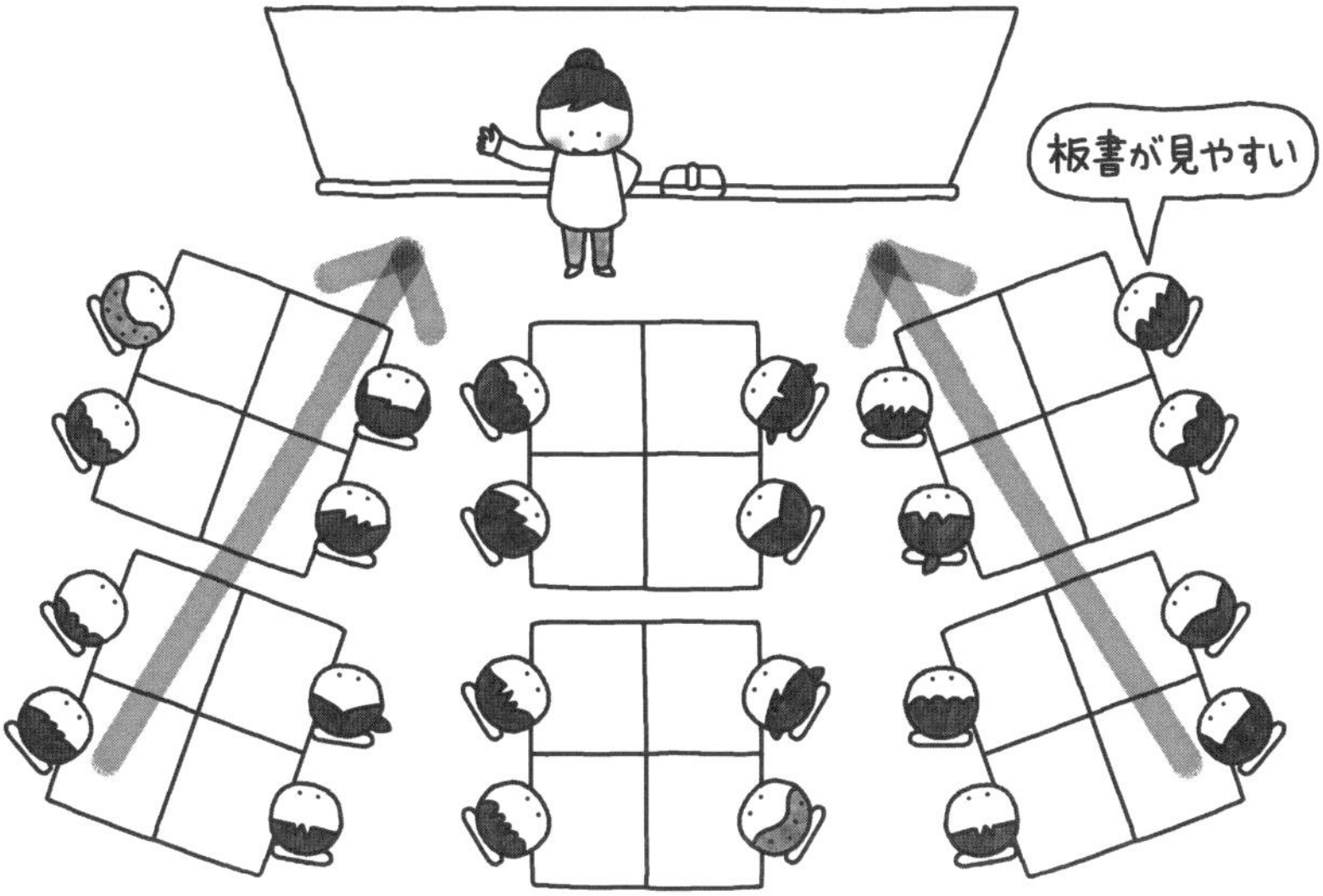

コの字型の座席

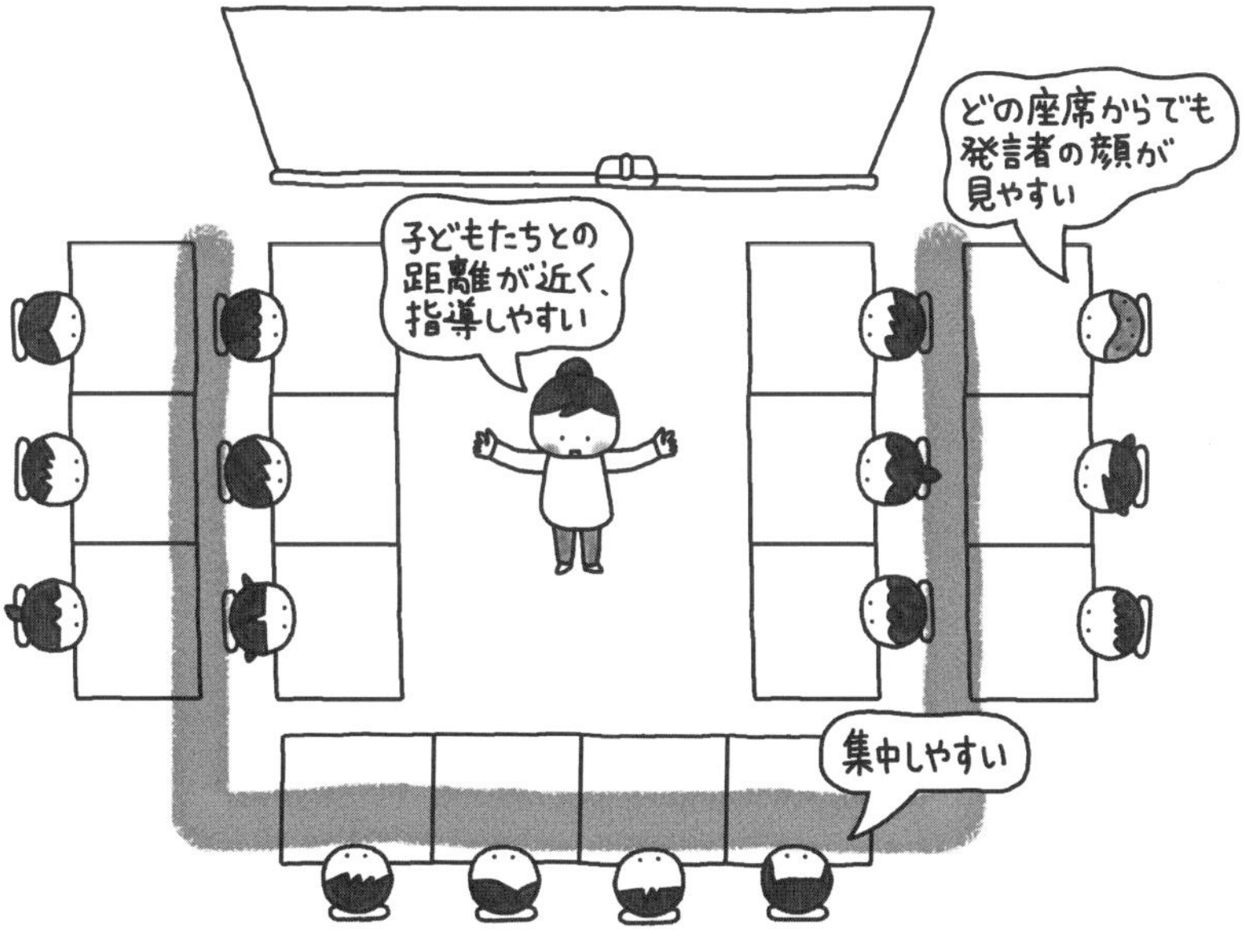

「話し合い」を効果的に進めるために 4

話し合いの「ねらい」を明確にする

●考えを交流させるために話し合う

話し合いには、二種類あります。一つは、一人ひとりの子どもの考えを交流させることがねらいの話し合いです。もう一つは、正答に近づき結論に到達することがねらいの話し合いです。

一人ひとりの子どもの考えを交流させることがねらいの話し合いは、それぞれの考えをできるだけたくさん出し合うようにします。たくさん出し合うことによって、「そういう考えもあるのか」と新たな気づき、発見が生まれてきます。例えば、「ごんぎつね」（光村図書『国語四下』平成二十七年度版）の最初の場面に、ごんは「ひとりぼっち」と書かれています。これについて話し合うと、「ごんはさみしかった」「相手になってくれる人がほしかった」などとともに、「自由で気ままに行動できる」「たくましく生きている」などの考えが出てきます。

●正答に到達するために話し合う

正答に近づき結論に到達することがねらいの話し合いは、とことん話し合い、教師が予定していた結論に到達するように導きます。例えば、「ごんぎつね」の最初の場面では、「ごんは何歳くらいか？」について、理由や根拠を文章から探しながら考えます。「子ぎつね」ではなく「小ぎつね」だから、子どもではないこと、いたずらの内容やあなをほって住んでいることなどから何歳かを考えます。

考えを交流させるために話し合う

正答に到達するために話し合う

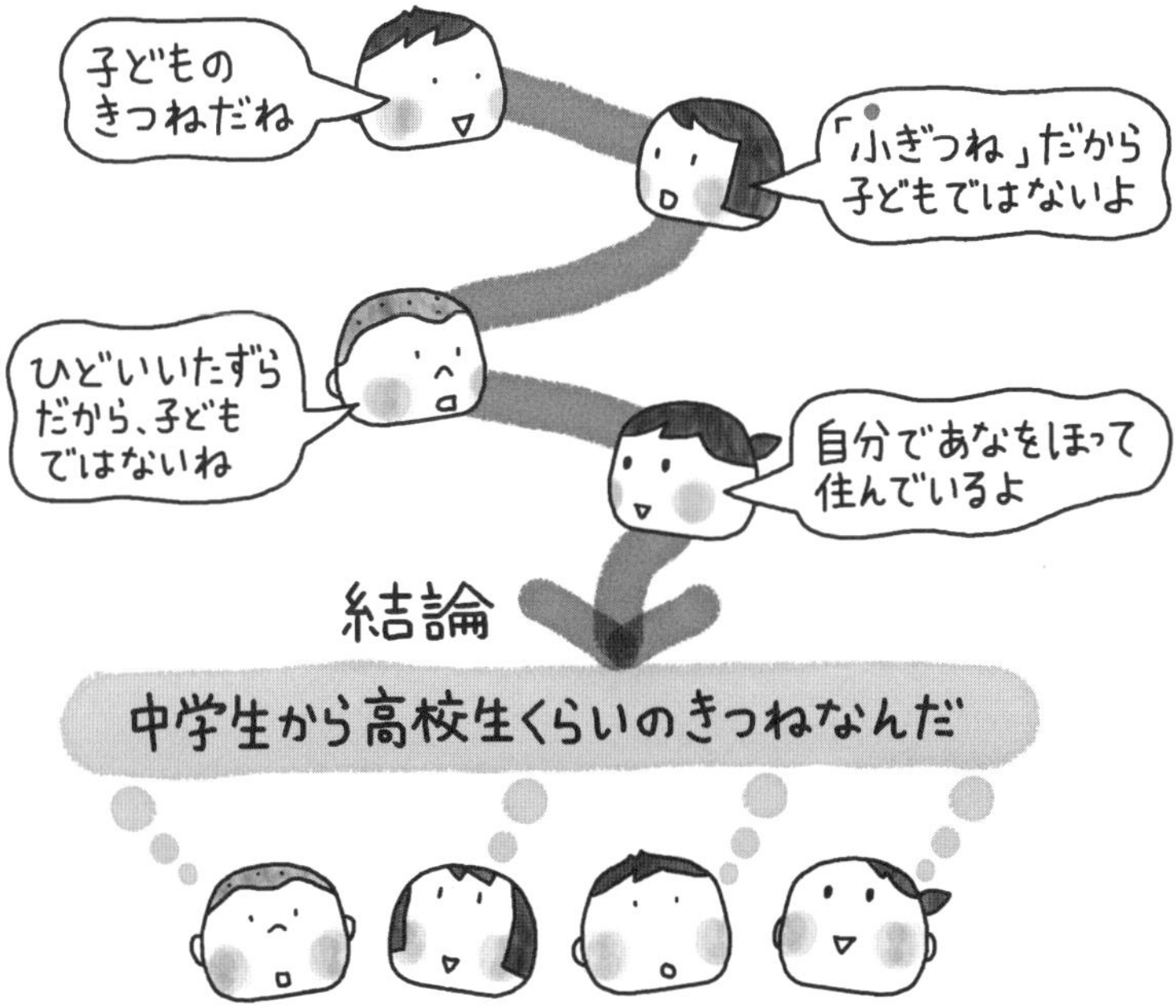

「話し合い」を効果的に進めるために5

話し合う課題を焦点化する

●課題を焦点化し、話し合わせる

話し合う課題が大きすぎたり、具体的でないものであったりすると、話し合いを深めることができなくなります。話し合いは、「本時のねらい」を達成するうえで必要な課題に焦点化して行うことが大切です。焦点化した課題を解決するために子どもたちに働きかけるのが、主要な発問となります。

●話し合いに適している課題

①矛盾、対立、葛藤を生む課題→子どもたちに「○○なのに、なぜ□□なのですか？」と問いかけ、考えさせます。例えば、「ごんぎつね」の最初の場面で、「昼にいたずらをすると見つかりやすいのに、なぜごんはわざわざ昼にいたずらをするのですか？」という発問をします。

②考えが二つに分裂する課題→「Aですか？　それともBですか？」という選択を迫る課題を問いかけ、考えさせます。例えば、「ごんぎつね」の最後の場面で、「ごんが届けた最後のくりも、つぐないだったのですか？　それともつぐないではなかったのですか？」という発問をします。

③多様な考えを生む課題→「よい点と悪い点の両方から考えてみましょう」「立場を変えて考えてみましょう」といろいろな視点から考えさせます。

話し合いに適している課題

①矛盾、対立、葛藤を生む課題

②考えが二つに分裂する課題

③多様な考えを生む課題

「話し合い」を効果的に進めるために 6

正答に迫るためのポイントを確認してから話し合う

●既習の内容であっても、もう一度ポイントを押さえる

理想的な授業は、学習課題を子どもたちに提示したら、子どもたちがそれについて真剣に考え、子どもたちの話し合いによって正答にたどりつくことができる探究型の授業です。このような授業をつくるためには、正答に迫るためのポイントをしっかり押さえることが大切です。例えば、物語教材では、クライマックスを探す学習がたいへん重要です。そのため、物語教材に出会うたびにくり返し、クライマックス探しを行いますが、子どもたちはクライマックスを探す指標をよく忘れてしまいます。教師は、子どもたちは覚えているものと思って、いきなり「クライマックスはどこかを探しましょう」と指示してしまいます。しかし、これではクライマックス探しは、うまくいきません。

そこで、たとえ既習の内容であっても、必ずその内容を押さえてからクライマックス探しをさせるようにします。「スイミー」（光村図書『こくご二上』平成二十七年度版）では、A「それから、とつぜん、スイミーは　さけんだ。／『そうだ。みんな　いっしょに　およぐんだ。海で　いちばん　大きな　魚の　ふりを　して。』」と、B「みんなが、一ぴきの　大きな　魚みたいに　およげるようになった　とき、スイミーは　言った。／『ぼくが、目に　なろう。』」をめぐって、どちらが「事件の流れとして決定的か？」を話し合い、スイミーが目になることにより「大きな魚」が完成することのほうが、決定的となることに気がつくことができます。

既習の内容であっても、もう一度ポイントを押さえる

Column 6

「短冊にすること」は授業で習得させたい内容にしぼる

国語の授業では、教材研究にもとづいて、子どもたちに習得させたい内容や予想される子どもたちの反応を短冊にしておくことがよく行われます。このようにすると、授業の流れがスムーズになり、時間の短縮にもなるからです。そのため、授業後の板書を見ると、授業内容のほとんどが短冊になっていて、板書で書いた文字のほうが少ないという状況がよく見られます。

短冊を多用した授業は、板書計画が立てやすいのですが、問題点もあります。それは、予想される子どもたちの反応を短冊にしてしまうと、教師はその言葉を出させたいがために、その言葉が出てくるまで「他にはありませんか？」を繰り返してしまうことです。子どもたちも自分の考えが板書してもらえないので、まちがっていると思い込み、発言に自信がもてなくなってしまいます。そして、子どもの反応を短冊にしておく授業は、短冊に書いた内容を当てるゲームのような授業になってしまいます。

短冊にすることは、その授業で習得させたい重要な内容、次の時間にも活用するものにしぼります。また、子どもたちから出された内容は短冊にしないで、子どもたちのしゃべった言葉で板書していきます。授業後の板書を見てみると、板書のほとんどが授業で教師が書いた文字になるようにするとよいでしょう。

第7章

主体的・協働的に学ぶ「話し合い」を 深め、高める指導ポイント

「話し合い」を深め、高める指導ポイント 1

ペアや学習グループで話し合う前に個人で考える時間をとる

●個人で考える時間をとる

ペアや学習グループで話し合いを行うときに、とても大事なことがあります。それは、まず一人ひとりの子どもが自分の考えをもつことです。自分の考えをもたないままペアや学習グループで話し合うと、豊かな考えの交流ができません。友だちの考えを聞いているだけになり、主体的な学びができないのです。そこで、ペアや学習グループで話し合う前には、必ず個人で考える時間をとるようにします。

●自分の考えをノートに書く

一般的には、個人で考える時間を1～2分間とります。そして、「自分の考えがもてた人は挙手してください」と指示し、学級全員が挙手しているのを確かめてから、ペアや学習グループでの話し合いをするようにします。

主要な発問について考えさせる場合には、自分の考えをノートに書かせるようにするとよいでしょう。主要な発問は、「本時のねらい」に迫る重要なものなので、じっくりとたっぷり時間をかけて考えさせ、それをノートに書かせます。その際には、考えの理由や根拠も書かせます。理由や根拠が明確になっていると、話し合いの内容が豊かなものになるからです。

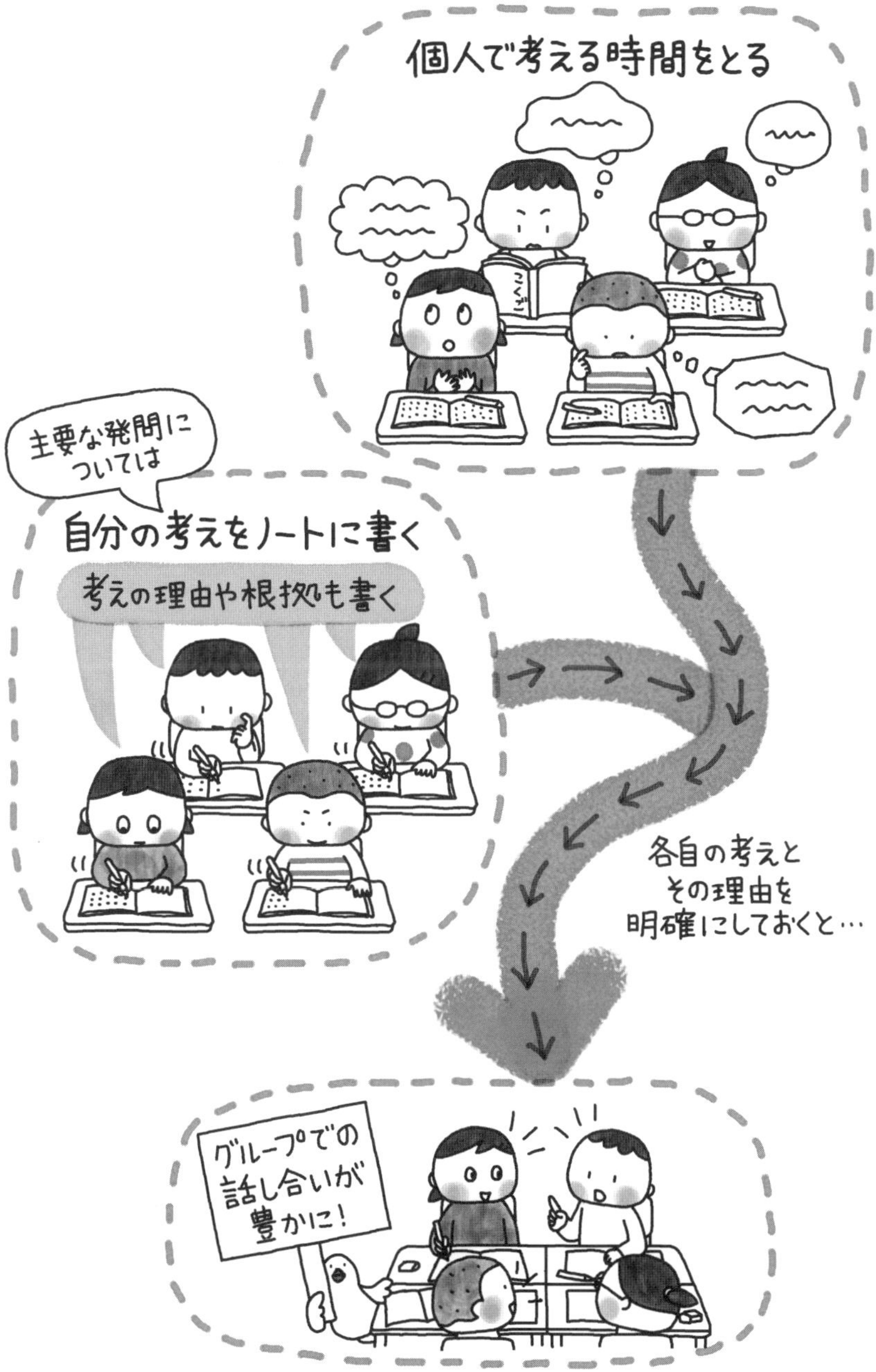
個人で考える時間をとる
主要な発問については
自分の考えをノートに書く
考えの理由や根拠も書く
各自の考えとその理由を明確にしておくと…
グループでの話し合いが豊かに！

「話し合い」を深め、高める指導ポイント2

机間指導で学習グループでの話し合いの様子をつかむ

●机間指導で大まかに見回って、学習グループの様子をつかむ

学習グループでの話し合いが始まったら、教師は話し合いの様子をつかむために、机間指導をします。その際、大切なことがあります。それは、各学習グループの話し合いの様子をつかむことが目的なので、まず、大まかに見て回って、だいたいの傾向をつかむことです。

一つひとつの学習グループの話し合いをじっくり聞いていると、3～5分間では全部の学習グループを見て回れなくなってしまうからです。

●学習グループへの助言は、短時間で、的確に、ずばりと

学習グループの話し合いが豊かになるように助言するときには、短時間で、的確に、ずばりと指導するようにします。話し合いがすんなり終わってしまった学習グループに対しては、「Aの考えなんだね。その理由はもっとあるよ」と、さらに話し合いを進めるように助言します。

また、ぜひ発表させたい内容を話し合っている学習グループには、「その考えはいいね。ぜひ発表してみてね」と発表を促すようにもします。

机間指導で大まかに見回って、学習グループの様子をつかむ

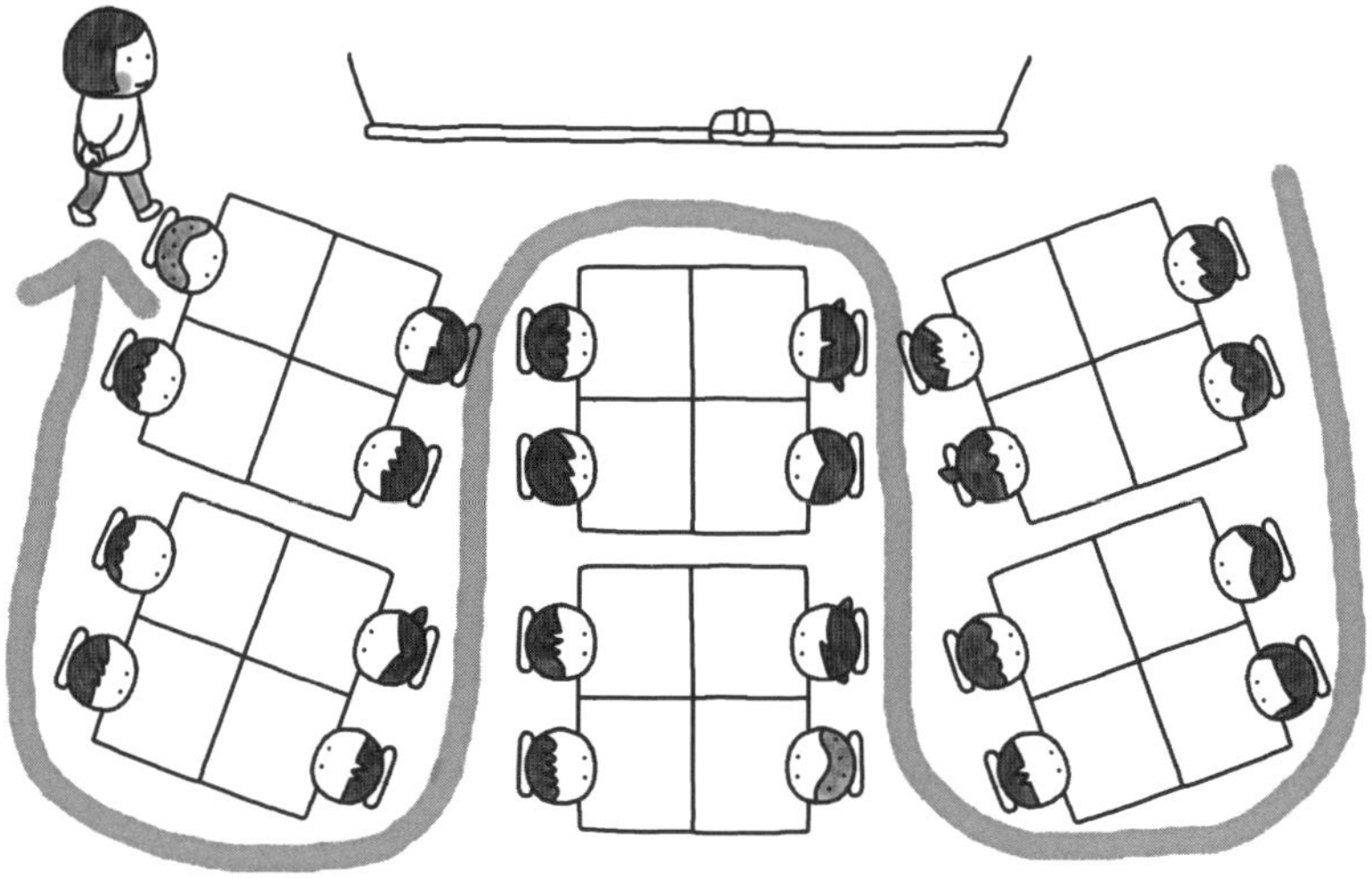

学習グループへの助言は、短時間で、的確に、ずばりと

「話し合い」を深め、高める指導ポイント3

机間指導で学習グループでの話し合いがうまくいくように助言する

●発言者が限られてきたら、全員に発言を促す

学習グループでの話し合いがうまく進まないことがよくあります。学習リーダーが「Aさん発表してください」というように順番に指名して、学習グループの全員に発表させるのですが、そのあとがうまくいかないのです。発言力のある子どもばかり発言したり、学力の高い子どもが発言したりすると、みんなその考えに従ってしまい、考えを豊かに深められないのです。

そのようなときには、机間指導で、「どんな考えも大切です。いろいろな考えがあるから学び合えるのです。自信がなくてもいいからどんどん発表しましょう」と助言します。

●話し合いが止まったら、疑問点を出し合うように促す

学習グループでの話し合いが途中で止まってしまい、沈黙の時間が続くこともよくあります。ひと通り自分の考えを発表したものの、それらの発言が絡み合うことがないために止まってしまう場合です。

そのようなときには、「もう一度考えを発表し合って、疑問に思うことを出し合いましょう」と再考を促す助言をします。疑問を出し合うことによって、また話し合いが始まり、そこから話し合いが深められるようになります。

発言者が限られてきたら、全員に発言を促す

話し合いが止まったら、疑問点を出し合うように促す

第7章
話し合いの指導ポイント

「話し合い」を深め、高める指導ポイント4

「話し方」を工夫させて話し合いを深める

●自分の考えを先に述べ、次に理由を述べる

話し合いを深めるためには、自分の考えをみんなにしっかり伝えることが大事です。聞き手の子どもたちに発言内容がうまく伝わらなかったら、話し合いはうまく進まないからです。

では、子どもたちが自分の考えをわかりやすく伝えるには、どうしたらよいのでしょうか。それは、自分の考えを先に述べ、次にその理由を述べる話し方をすることです。「わたしは……と思います。理由は……だからです」「ぼくは……と思います。どうしてかと言うと……だからです」という話型で話すようにします。

●つなげる言葉を言ってから、自分の考えを言う

話し合いを深めるためには、自分の考えと友だちの考えとを関係づけながら話すことも大事です。たくさん発言があっても、その発言が前の子どもの発言とかかわることがなければ、話し合いは深まりません。そこで、前の発言者の考えと自分の考えをつなげる言葉を言ってから、自分の考えを言うようにします。「○○さんの考えに賛成です。……」「○○さんの考えにつけ加えます……」「○○さんの考えとは、ちょっとちがいます。……」というように、つなげる言葉を言ってから発言すれば、話し合いは深まっていきます。

自分の考えを先に述べ、次に理由を述べる

つなげる言葉を言ってから、自分の考えを言う

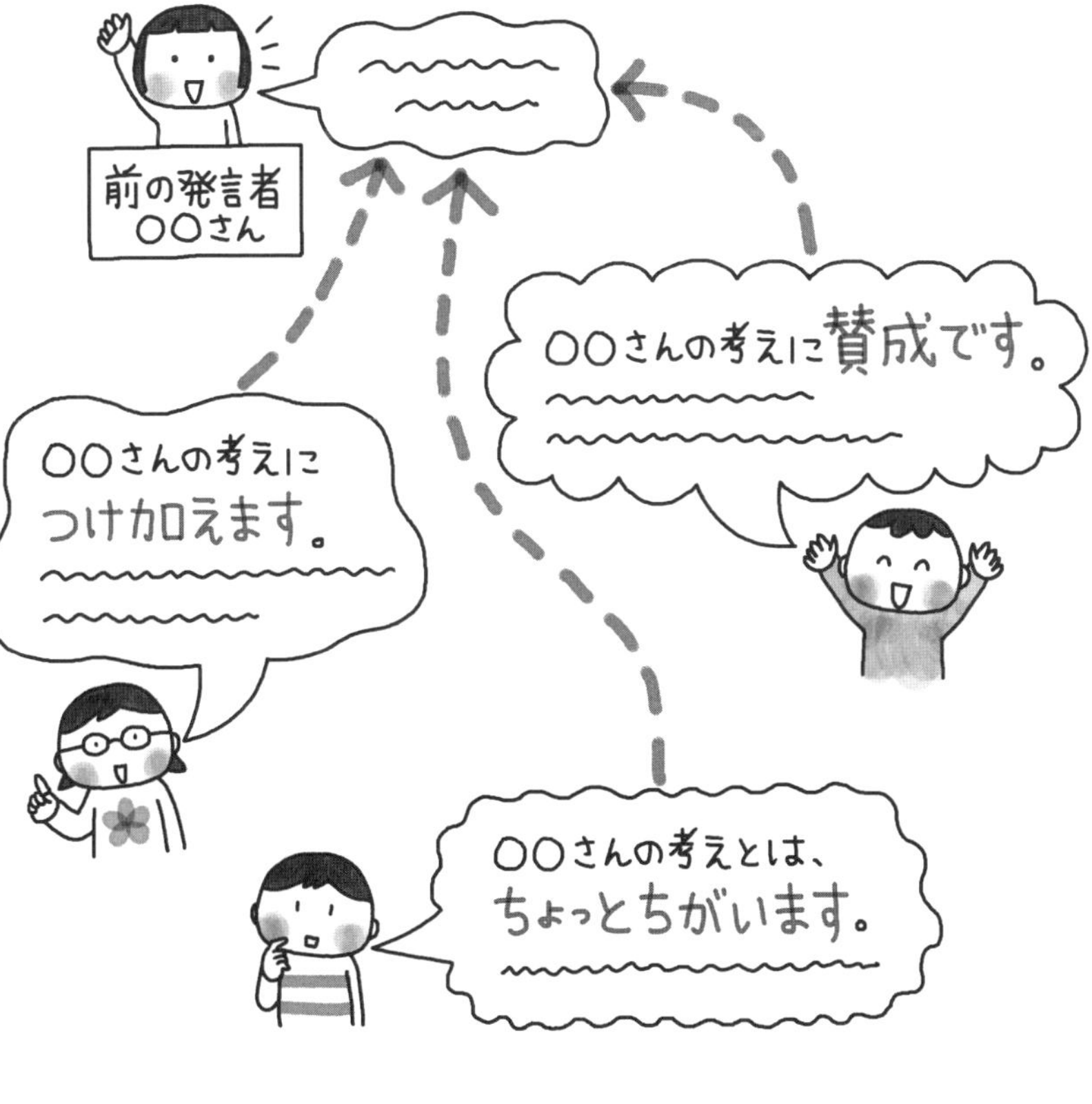

「話し合い」を深め、高める指導ポイント5

学習グループでの話し合いと学級全体での話し合いを組み合わせる

●学習グループでの話し合いと学級全体での話し合いの長所と短所

四人の学習グループでの話し合いは、誰でも気軽に発言でき、発言回数も増えて、意見交流がしやすいという長所があります。しかし、その話し合いが学習グループ内に限られてしまうという短所があります。

一方、学級全体での話し合いは、学級全員で意見交流ができ、たくさんの考えに触れることができるという長所があります。しかし、誰でも気軽に発言できるわけではなく、発言人数が限られ、一人あたりの発言回数も少なくなるという短所があります。

●学級全体で学習グループの考えを交流させる

これらの短所を克服するために、学習グループでの話し合いと学級全体での話し合いを組み合わせて行うようにします。

まず、学習グループの考えを出し合います。次に、出された考えをめぐって、どの考えが正答なのかを学級全体で話し合います。自分一人の考えではなく、学習グループのみんなによる考えなので、自信をもって堂々と話し合いに臨むことができます。したがって、話し合いは白熱したものになり、内容も豊かなものになります。

学習グループでの話し合いと学級全体での話し合いを組み合わせる

第7章
話し合いの指導ポイント

「話し合い」を深め、高める指導ポイント6

学習グループの考えの発表のさせ方を工夫する

●発表より話し合いに時間をたくさんとる

学習グループの考えを出し合い、学級全体で話し合うときには、ちょっとした工夫が必要です。それは、時間を有効に使うように工夫することです。

学級の人数が少ない場合は、順番に学習グループの考えを発表させればよいでしょう。しかし、三十五人以上の学級の場合は、四人の学習グループをつくると、グループが九～十個できます。一つひとつの学習グループの考えを順番に発表させるだけで時間がかかってしまいます。そこで、発表の時間より話し合いにたくさん時間をとる工夫をします。

●学習グループの発表のさせ方を工夫する

学習グループの数が多い場合には、まず一つの学習グループの考えを発表させ、「○グループと同じ考えのグループは挙手してください」「○グループとちがう考えのグループは発表してください」と発表のさせ方を工夫します。

このようにすることによって、学習グループの考えの分布状況が教師にも子どもたちにもわかりやすくなります。考えの分布状況を「Aの考え――○グループ、△グループ……」「Bの考え――☆グループ、◇グループ……」というように板書すると、いっそうわかりやすくなります。

学習グループの発表のさせ方を工夫する

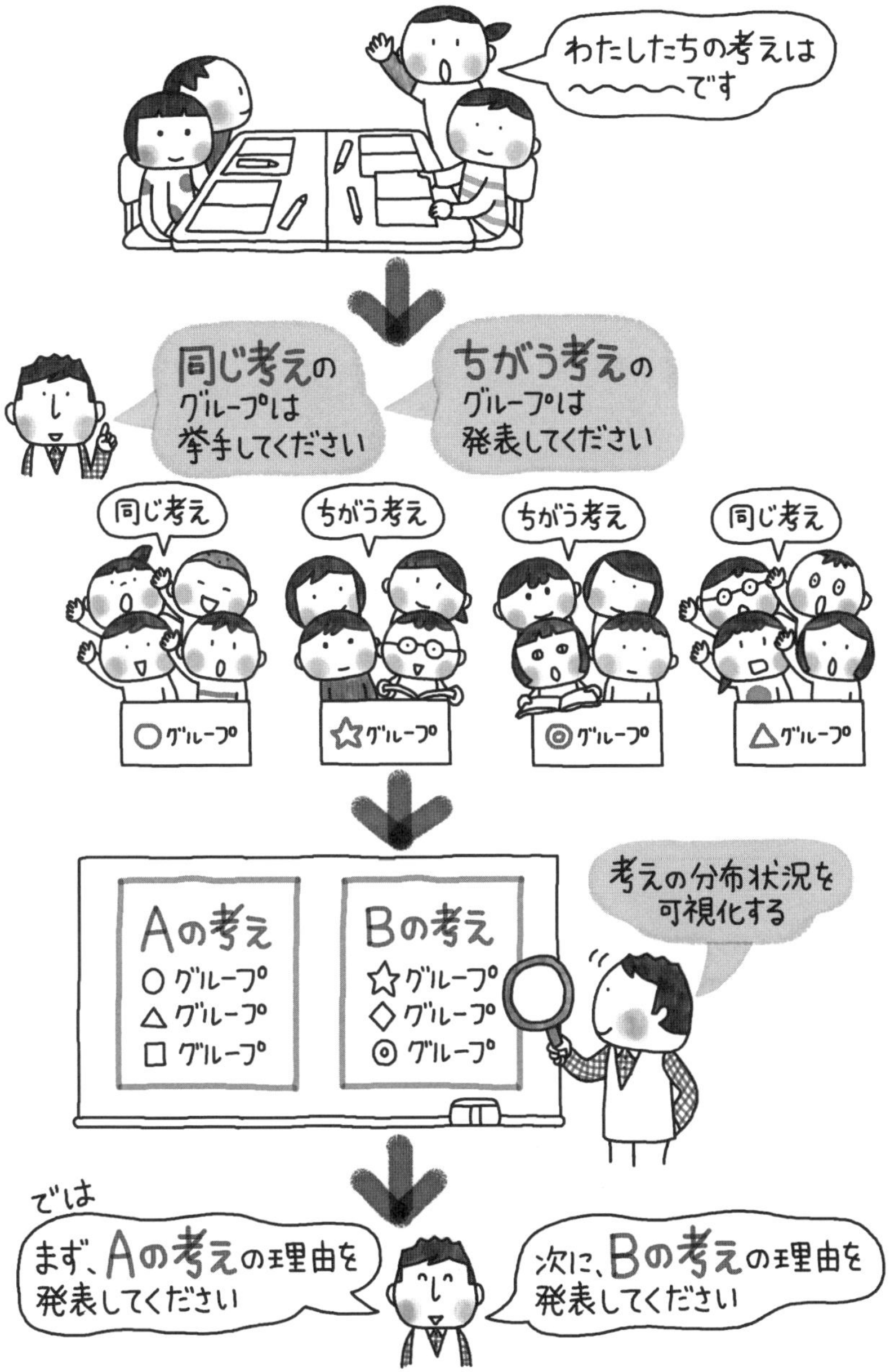

第7章
話し合いの指導ポイント

「話し合い」を深め、高める指導ポイント 7

学習グループ同士の話し合いで試行錯誤させる

●教師は安易に正答に導かないようにする

学習グループ同士の話し合いでは、子どもたちが迷い揺れながら、試行錯誤を経て正答にたどりつくような話し合いが理想的です。それは、一つの学習課題をめぐって、子どもたちが検討し合い、議論し、試行錯誤していく中で探究的に学び合えるからです。

したがって、学習グループ同士の話し合い、討論では、教師が早い段階では安易に「なるほど」「よい考えだね」などと言って、正答に導かないように気をつけることが大切です。

●子どもが迷い揺れるような学習課題を出す

子どもたちに試行錯誤させるためには、学習課題の内容も大切になってきます。簡単に解決できるような学習課題では、子どもたちに迷いや揺れは起こりません。

学習課題は、子どもたちが迷い揺れるようなもの、簡単には解決しにくい要素を含んだものが適しています。例えば、斎藤隆介の「モチモチの木」（光村図書『国語三下』平成二十七年度版）のクライマックスを探す学習だと、A「豆太は、小犬みたいに体を丸めて、表戸を体でふっとばして走りだした。」と、B「『モチモチの木に、灯がついている。』」の二箇所をめぐって、子どもたちは迷い揺れます。どちらも、豆太が勇気を出したことがわかるからです。

教師は安易に正答に導かないようにする

子どもが迷い揺れるような学習課題を出す

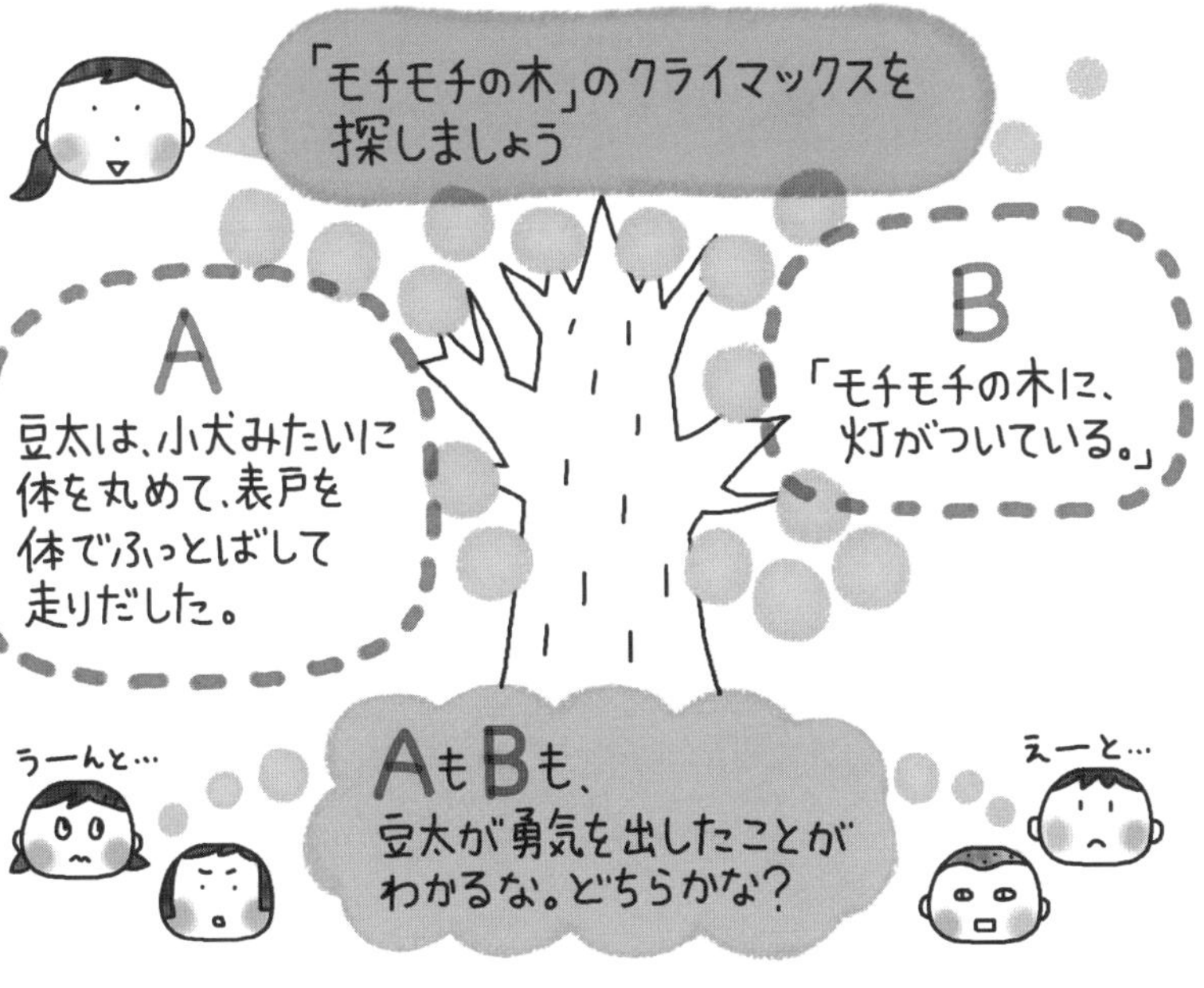

「話し合い」を深め、高める指導ポイント 8

学習グループの考えを板書し、論点をはっきりさせる

●考えを整理して板書することで、思考を深める

学級全体での話し合いにおける板書の果たす役割には、たいへん大きなものがあります。学習グループから出されたいろいろな考えを整理して板書することによって、目で見て考えのちがいを比較し、思考を深めることができるからです。

子どもの話し言葉による発言は音声なので、子どもたちの記憶にいつまでも残ることがなく、その場かぎりで消えてしまいます。しかし、子どもの発言を板書すれば、発言内容がいつまでも子どもたちの中に残り、対象化して見ることができ、じっくり思考することができます。

●考えを板書することで、討論を仕組む

学習グループで話し合ったことを板書すると、学習グループごとの考えを、教師も子どもたちもひと目で確認することができます。そして、それらの考えをめぐって話し合いを深めることができます。また、学習グループの考えとその理由を板書すると、考えの分布状況がわかるので、「○グループの考えはAで、理由は……だね。◇グループの考えはBで、理由は……だね」と論点を明確にして、学習グループ同士の話し合いや討論を仕組みやすくなります。

考えを整理して板書することで、思考を深める

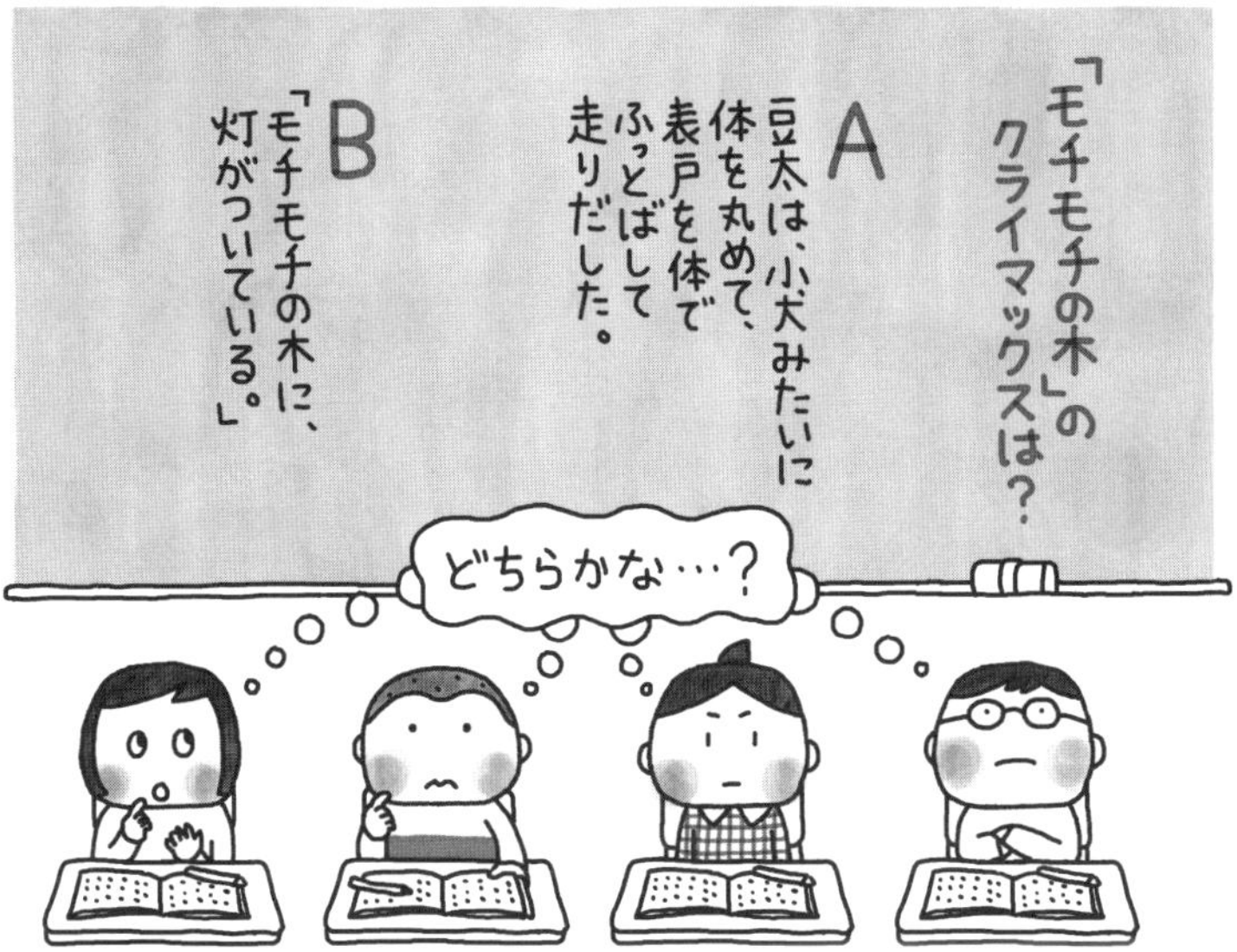

考えを板書することで、討論を仕組む

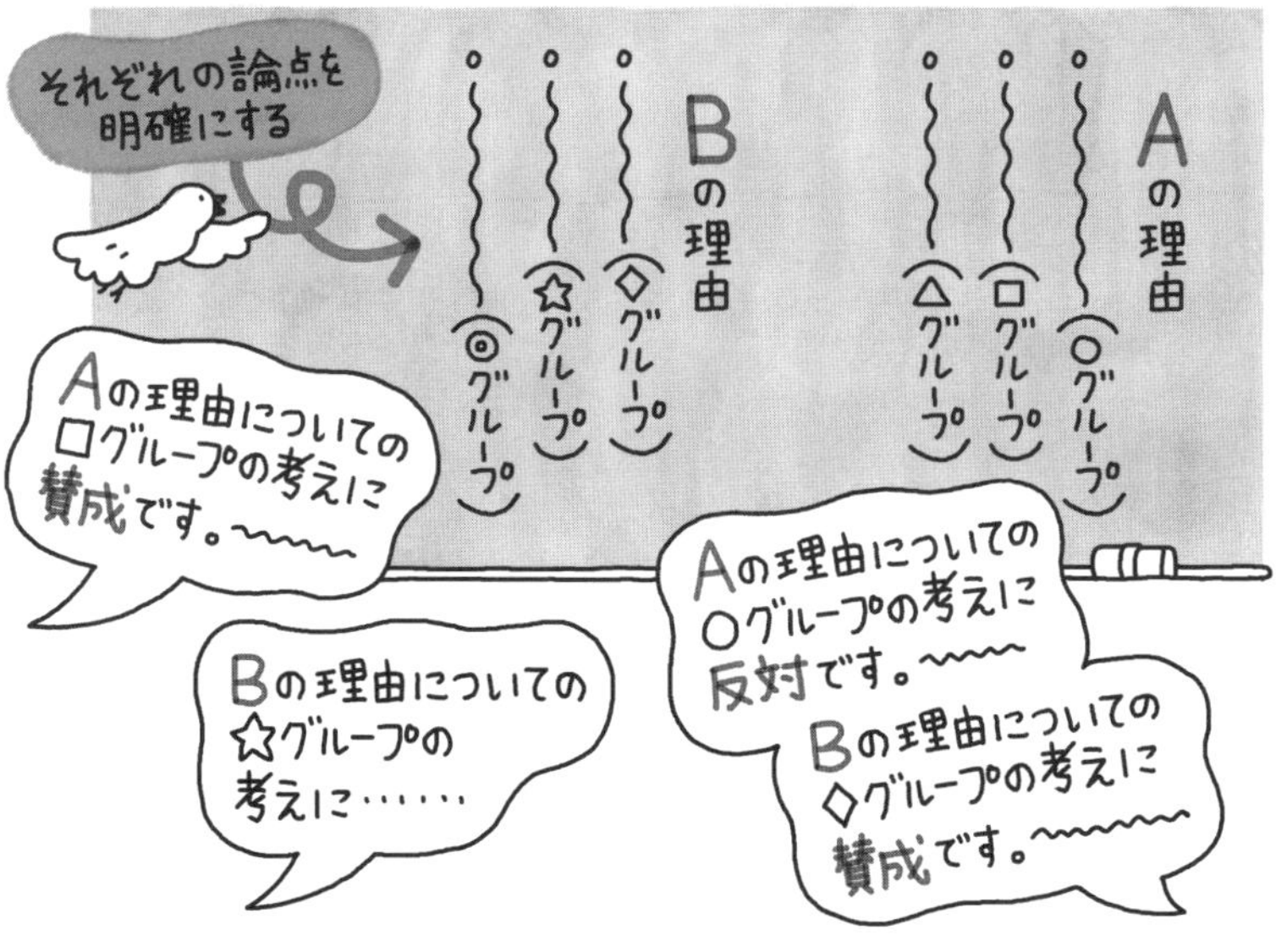

「話し合い」を深め、高める指導ポイント 9

出された考えを整理し、グループピングしてまとめる

●出された考えをグルーピングしてまとめる

学習グループ同士で話し合いを進める際に、学習課題についての考えがたくさん出てきた場合、一つひとつの考えを検討していると、時間がたりなくなることはもちろん、話し合いが焦点化されず、絡み合わずに終わってしまうこともあります。そこで、学習課題についての考えがたくさん出てきた場合は、グルーピングしてまとめます。Aグループの考え、Bグループの考え……というようにまとめ、どのグループの考えが正答に近いかを検討します。例えば、「大造《だいぞう》じいさんとガン」（光村図書『国語五』平成二十七年度版）のクライマックスを探す学習では、次の箇所が出てきます。

①「大造じいさんは、ぐっとじゅうをかたに当て、残雪をねらいました。が、なんと思ったか、再びじゅうを下ろしてしまいました。」
②「それは、鳥とはいえ、いかにも頭領らしい、堂々たる態度のようでありました。」
③「それは、最期《ご》の時を感じて、せめて頭領としてのいげんをきずつけまいと努力しているようでもありました。」
④「大造じいさんは、強く心を打たれて、ただの鳥に対しているような気がしませんでした。」

これらの考えをA（①）、B（②③④）のグループにまとめ、クライマックスを検討するのです。

出された考えをグルーピングしてまとめる

「大造《だいぞう》じいさんとガン」のクライマックスは？

考え1 「大造じいさんは、ぐっとじゅうを かたに当て、残雪をねらいました。が、なんと思ったか、再びじゅうを下ろしてしまいました。」

A

考え2 「それは、鳥とはいえ、いかにも頭領らしい、堂々たる態度のようでありました。」

考え3 「それは、最期《ご》の時を感じて、せめて頭領としてのいげんをきずつけまいと努力……ありました。」

考え4 「大造じいさんは、強く心を打たれて、ただの鳥に対しているような気がしませんでした。」

B

考えがたくさん出たらグルーピング！

「大造《だいぞう》じいさんとガン」のクライマックスはAとBのどちらにありますか？

「話し合い」を深め、高める指導ポイント10

学習グループ同士の話し合いを白熱させる

●正答だと考える理由や根拠を発表し合う

学習グループの考えを出し合い、学級全体で学習グループ対学習グループの話し合いをしようとしても、それぞれが自分の考えを言うだけでは、話し合いはあまり深まりません。とくに、みんなが同じ考えの場合は、話し合いがしにくくなります。

そんなときには、そのように考えた理由や根拠をはっきり言わせるようにします。同じ考えでも、その理由や根拠がちがえば、話し合いは深まります。例えば、「ごんぎつね」（光村図書『国語四下』平成二十七年度版）のクライマックスはどこかをめぐって話し合うとき、「『ごん、おまいだったのか、いつも、くりをくれたのは。』ごんは、ぐったりと目をつぶったまま、うなずきました。」の箇所がクライマックスであると考えた学習グループから、さまざまな理由が出てきます。「『ごん』『おまい』という言葉から兵十のごんに対する見方が変わったことがわかるから」「ごんがうなずいたので、心が通い合ったことがわかるから」など、いろいろと理由が出てきて、話し合いは深まります。

●相手の考えが正答だと思わない理由を述べ合う

自分たちの考えとちがう学習グループの考えが、正答だとは思わない理由を指摘し合うようにすることも大切です。「正答ではない」と言われれば、反論したくなり、話し合いは白熱したものになります。

正答だと考える理由や根拠を発表し合う

相手の考えが正答だと思わない理由を述べ合う

「話し合い」を深め、高める指導ポイント11

教師の「立ち位置」を工夫する

●発問、指示、説明するときは黒板の中央に立つ

教師が授業で発問したり、指示したり、説明したりするときの「立ち位置」は、たいへん重要です。学級全員の子どもに発問したり、指示したり、説明したりするときは、黒板の中央に立つようにします。それは、黒板の中央は全員の子どもが視野に入るので、子どもたちの様子をしっかりつかむことができるからです。

●発言する子から離れた位置に立つ

話し合いのときの教師の「立ち位置」も重要です。教師が黒板の中央にいると、一斉指導に慣れた子どもたちは、教師に向かって自分の考えを発表するため、ほかの子どもたちはそのやりとりから取り残されてしまい、子ども同士の話し合いがうまくいきません。

そこで、大西忠治氏が『授業つくり上達法』（民衆社）で述べているように、教師は発言する子どもから離れ、発言する子どもとの間により多くの子どもを抱え込むような位置に立つようにします。そうすれば、発言する子どもは多くの子どものほうを向いて話すことになります。

学習グループ同士で話し合うときも、同じです。学習グループの代表発言者との間に、より多くの学習グループを抱え込む位置に教師が立ちます。

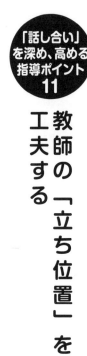

発問、指示、説明するときは黒板の中央に立つ

発言する子から離れた位置に立つ

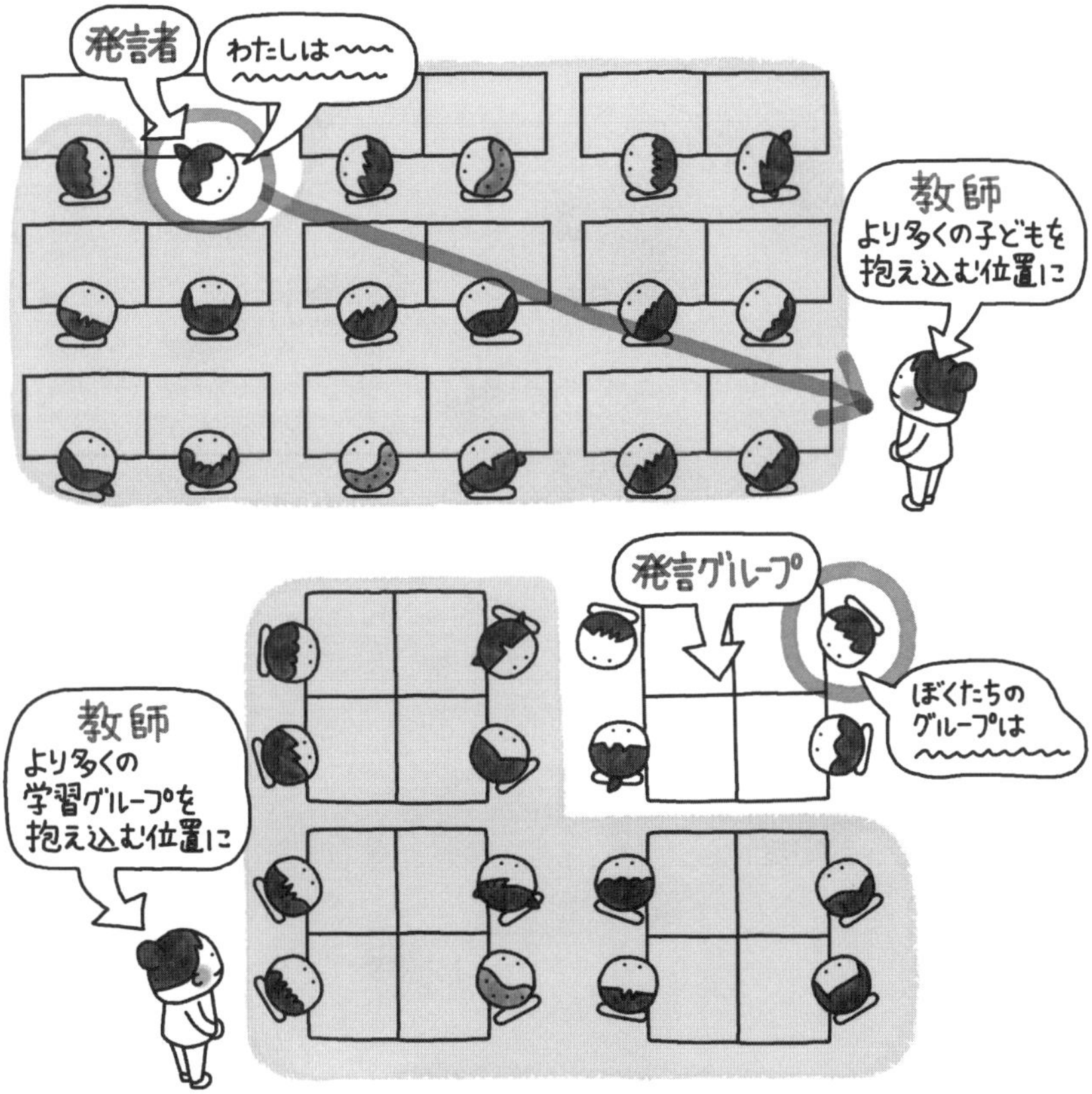

Column 7

板書に子どもを参加させる

国語の授業でも、子どもたちが板書に参加することはとても大切なことです。それは、板書に参加することによって、子どもたちは授業にもっと積極的になれるからです。

しかし、子どもたちに板書させる場合に困ることがあります。それは、文字が大きすぎて場所をとってしまったり、反対に文字が小さすぎてよく見えなかったりすることです。また、チョークで書くことに慣れていないために、書くのに時間がかかってしまうこともあります。このようなことがあると、だんだんと子どもたちの板書が少なくなっていきます。

では、どのようにしたらよいのでしょうか。それには、二つの方法があります。

一つは、板書計画に影響が出ないように、子どもたちに書かせたい場所に枠や吹き出しを書いて、その中に書くようにさせる方法です。枠や吹き出しの大きさによって、どのくらい書けばよいかも子どもたちにはわかります。

もう一つは、カードや短冊黒板に書かせる方法です。カードに書く用具は、油性ペンにします。チョークではないので、書くのにも時間がかかりません。また、短冊黒板は、手元に置いて書くので、板書よりも速く書くことができます。子どもたちが書いたカードや短冊黒板を黒板に掲示すれば、簡単に子ども参加の板書にすることができます。

第8章

定番教材でわかる
アクティブ・ラーニング型国語授業の指導例

説明文「ありの行列」大滝哲也（光村図書『国語三下』平成27年度版）
論説文「『鳥獣《ちょうじゅう》戯画《ぎが》』を読む」高畑 勲（光村図書『国語六』平成27年度版）
物　語「モチモチの木」斎藤隆介（光村図書『国語三下』平成27年度版）
物　語「ごんぎつね」新美南吉（光村図書『国語四下』平成27年度版）

説明文「ありの行列」の教材研究と授業案

●「ありの行列」の文章構成を読みとる

説明文「ありの行列」（光村図書『国語三下』平成二十七年度版）は、「はじめ」――「なか」――「おわり」の三部構成で、全部で九つの段落があります。「はじめ」は、話題を示す前書きの段落や「問い」の段落です。「なか」は、具体例や実験・観察などについて説明している「答え」の段落です。「おわり」は、全体の内容のまとめが書いてある段落です。

「ありの行列」は、次のような文章構成になっています。

「はじめ」は、①段落で「ありは、ものがよく見えません。それなのに、なぜ、ありの行列ができるのでしょうか。」という「問い」があります。

「なか」は、ありの行列ができる謎についての答えを述べている②〜⑧段落です。この「なか」を内容のまとまりごとに分け、小見出しをつけると、次のようになります。

「なか1」……②段落　（目的）
③段落　（実験1と観察、結果1）ありの行列は、はじめのありが巣に帰るときに通った道すじから外れない。
④段落　（実験2と観察、結果2）ありの行列は、大きな石をおいて行く手をさえぎっても、またんだんとできてくる。
⑤段落　（予想）はたらきありが、地面に何か道しるべになるものをつけておい

「なか2」……⑥段落　たのではないか。
（研究、分かったこと）ありは、おしりのところから、とくべつのえきを出すことが分かった。
⑦⑧段落（わけ）はたらきありは、えさを見つけると、道しるべとして地面にえきをつけながら帰り、ほかのありたちは、においにそって歩く。
「おわり」は、⑨段落で「このように」と②~⑧段落の内容をまとめて、「においをたどって、えさの所へ行ったり、巣に帰ったりするので、ありの行列ができるというわけです。」と①段落の「問い」に対する答えをまとめて述べています。

「ありの行列」の「はじめ」には「問い」があるので、簡単に「はじめ」を見つけることができます。しかし、「おわり」では、子どもたちは迷い揺れます。⑦段落で「この研究から……知ることができました。」と「なか」をしめくくっているから、「おわり」は⑧~⑨段落という考えと、⑨段落は「このように」という書き出しでまとめているから、「おわり」は⑨段落という考えがあるからです。このような迷い揺れる考えをグループでの話し合いや学級全体での話し合いで解決を図るようにします。

また、「なか」を分ける学習でも、「なか1」②~⑤段落、「なか2」⑥~⑧段落という考えと、「なか1」②~④段落、「なか2」⑤~⑧段落という考えに分かれ、子どもたちは迷い揺れます。この課題についても、グループでの話し合いや学級全体での話し合いで解決を図るようにします。

「ありの行列」の文章構成を読みとる授業案

一　本時のねらい（学習課題）

接続語に着目して、文章の組み立て方（文章構成）を読みとる。

二　本時の学習展開

教師の働きかけ

①今日の学習のめあてを読みましょう。

「『はじめ』『なか』『おわり』に分ける。」

②全文を一斉に音読しましょう。

③「ありの行列」を「はじめ」「なか」「おわり」に分けましょう。

・まず一人で考え、「はじめ」「なか」「おわり」の表（構成表）に段落番号を書きましょう（課題解決に向けて主体的に学ぶ）。

・（3分後）どのように分けたかと、そのわけを各グ

予想される児童の発言

・（一斉に声をそろえて学習のめあてを読む）

・（一斉に音読する）

ループの中で話し合い、考えをまとめてください（グループ内での話し合いにより、考えを広げたり、深めたりする）。

④（3分後）グループの考えを発表しましょう（学級全体での話し合いにより、協働的に学び、考えを深めて課題を解決する）。

・二つの考えが出ました。「おわり」は⑧⑨段落という考えをA、「おわり」は⑨段落という考えをBとします。それぞれのわけを発表してください。

・「はじめ」①段落、「なか」②〜⑦段落、「おわり」⑧⑨段落。
・「はじめ」①段落、「なか」②〜⑧段落、「おわり」⑨段落。
・Aだと思うわけは、⑦段落に「この研究から……知ることができました。」と「なか」をしめくくっているから。
・Aだと思うわけは、⑧⑨段落は「におい」のことが書いてあって、問いの答えになっているから。
・Bだと思うわけは、「このように」という言葉でまとめているから。
・Bだと思うわけは、⑨段落が①段落の問い「なぜ、ありの行列ができるのでしょうか。」の答えになっているから。

・AとBのわけを聞いて、「それはちがうよ」という意見を言い合いましょう（反論し合うことによって、新しい発見をさせる）。

・よいことに気づきましたね。問いは、「なぜ」と書いてあって、答えは、「わけです」と書いてあるので、「問い」と「答え」の関係がわかりますね。「お

・Aの考えに反対です。⑧⑨段落は「におい」のことが書いてあると言ったけれど、⑧段落は⑦段落をくわしく説明しているので、⑦⑧段落がつながっているからです。

・Bの考えに反対です。⑨段落も「このように」と書いてあるので、⑧段落につながっています。

・Aの考えに反対です。「このように」という言葉は⑧段落ではなくて、②〜⑧段落をまとめている言葉です。だから、⑨段落が「おわり」です。

・Aの考えに反対です。⑨段落の「ありの行列ができるというわけです。」の最後の文は、①段落の「なぜ、ありの行列ができるのでしょうか。」の問いにまとめて答える書き方になっています。

・（子どもたち「いいです！」）

わり」は、⑨段落ということでいいですか？

⑤次は、「なか」がいくつに分けられるか考えましょう。まず一人で考えましょう（課題解決に向けて主体的に学ぶ）。

・（3分後）どのように分けたかと、そのわけを各グループの中で話し合い、考えをまとめてください（グループ内での話し合いにより、考えを広げたり、深めたりする）。

⑥（3分後）グループの考えを発表しましょう（学級全体での話し合いにより、協働的に学び、考えを深めて課題を解決する）。

・二つの考えが出ました。「なか1」②〜⑤段落、「なか2」⑥〜⑧段落をA、「なか1」②〜④段落、「なか2」⑤〜⑧段落をBとします。それぞれのわけを発表して、話し合いましょう。

・「なか1」②〜⑤段落、「なか2」⑥〜⑧段落。
・「なか1」②〜④段落、「なか2」⑤〜⑧段落。
・Aだと思うわけは、「なか1」は実験と観察のことが書いてあって、⑤段落に「これらのかんさつから」と書いてあるから。
・Aだと思うわけは、⑤段落の「これら」というのは③段落の実験と④段落の実験のことで、つながっているから。

・「なか」を分けるとき、内容が実験・観察のことか、研究のことかで考えるといいですね。すると、⑤段落はどちらですか？

⑦今日の学習内容を振り返りましょう（学びの過程を自覚化させる）。

・はじめに、「はじめ」「なか」「おわり」に分ける学習をしました。「問い」と「答え」のまとめの

・Bだと思うわけは、観察から考えたことが⑤段落に書いてあって、⑥段落は「そこで」とつながっているから。

・Bの考えに反対です。「そこで」という言葉は、「次は」という意味だからです。今度は研究をしたと書いてあるので⑤段落と⑥段落はつながらないから。

・Bの考えに反対です。⑤段落は「これらのかんさつから」と観察で考えたことが書いてあって、⑥段落は「細かに研究してみました。」と研究のことが書いてあるからです。

・（子どもたち「観察！」）

関係を見ることが大切だということがわかりました。「なか」をいくつかに分けるときには、何について書いてあるかを見ることが大切だということがわかりました。

⑧話し合いがうまくできたかも振り返りましょう(対話的な学びができたかを振り返る)。

・自分の考えを、理由を挙げて話すことができましたか?

・友だちの考えをしっかり聞くことができましたか?

・考えのちがいを理解して、理由を挙げて話し合うことができましたか?

・グループ同士の話し合いに参加することができましたか?

・自分一人では気づかなかったちがった考え、新しい考えを知ることができましたか?

⑨今日の授業で学んだこと、できるようになったことをノートにまとめましょう。

・(教師の質問について、一人ひとりの子どもが活動を振り返って挙手する)

◉板書のポイント

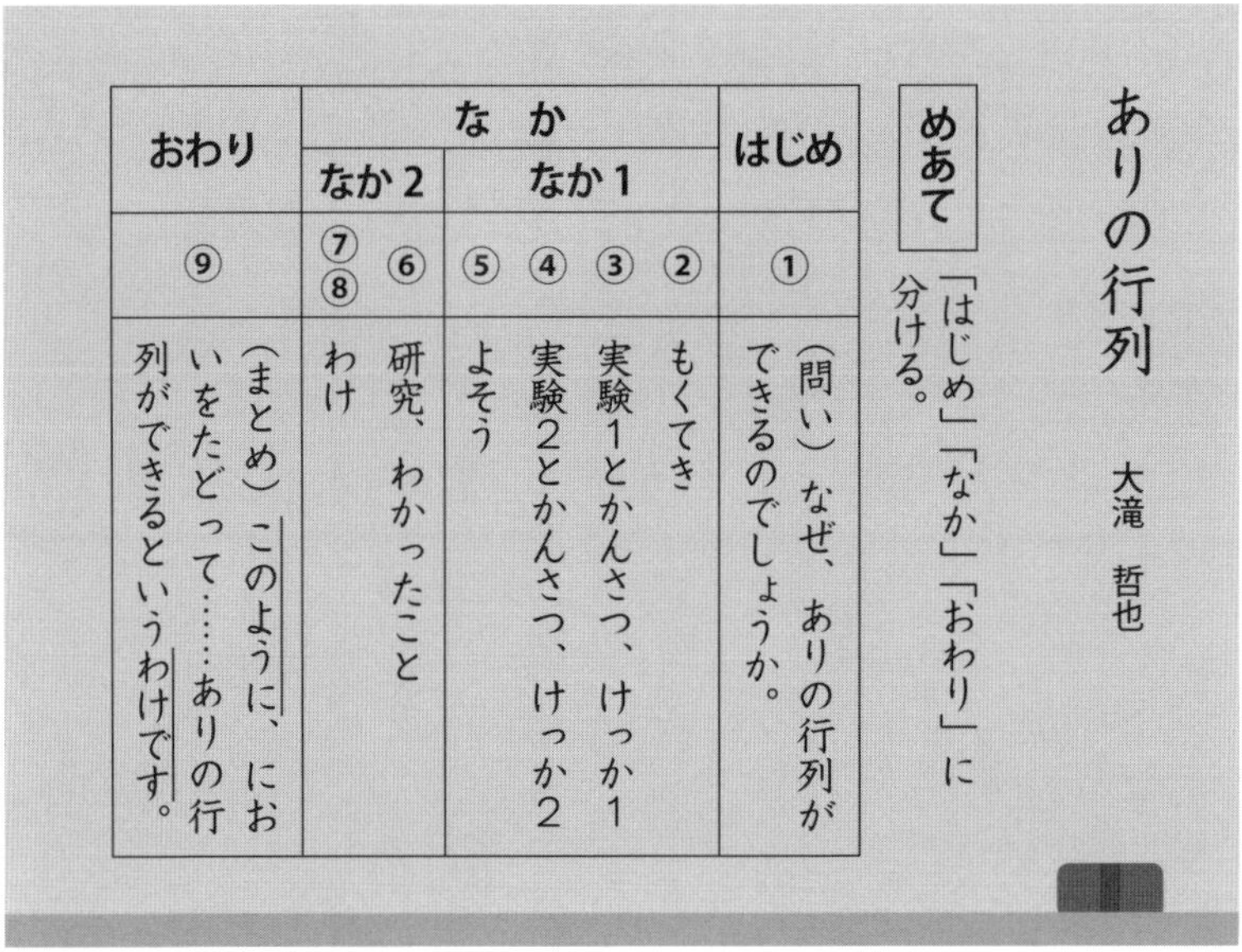
ありの行列
大滝　哲也
めあて
「はじめ」「なか」「おわり」に分ける。
はじめ
①
（問い）なぜ、ありの行列ができるのでしょうか。
なか
なか１
②　③　④　⑤
もくてき
実験１とかんさつ、けっか１
実験２とかんさつ、けっか２
よそう
なか２
⑥　⑦⑧
研究、わかったこと
わけ
おわり
⑨
（まとめ）このように、においをたどって……ありの行列ができるというわけです。

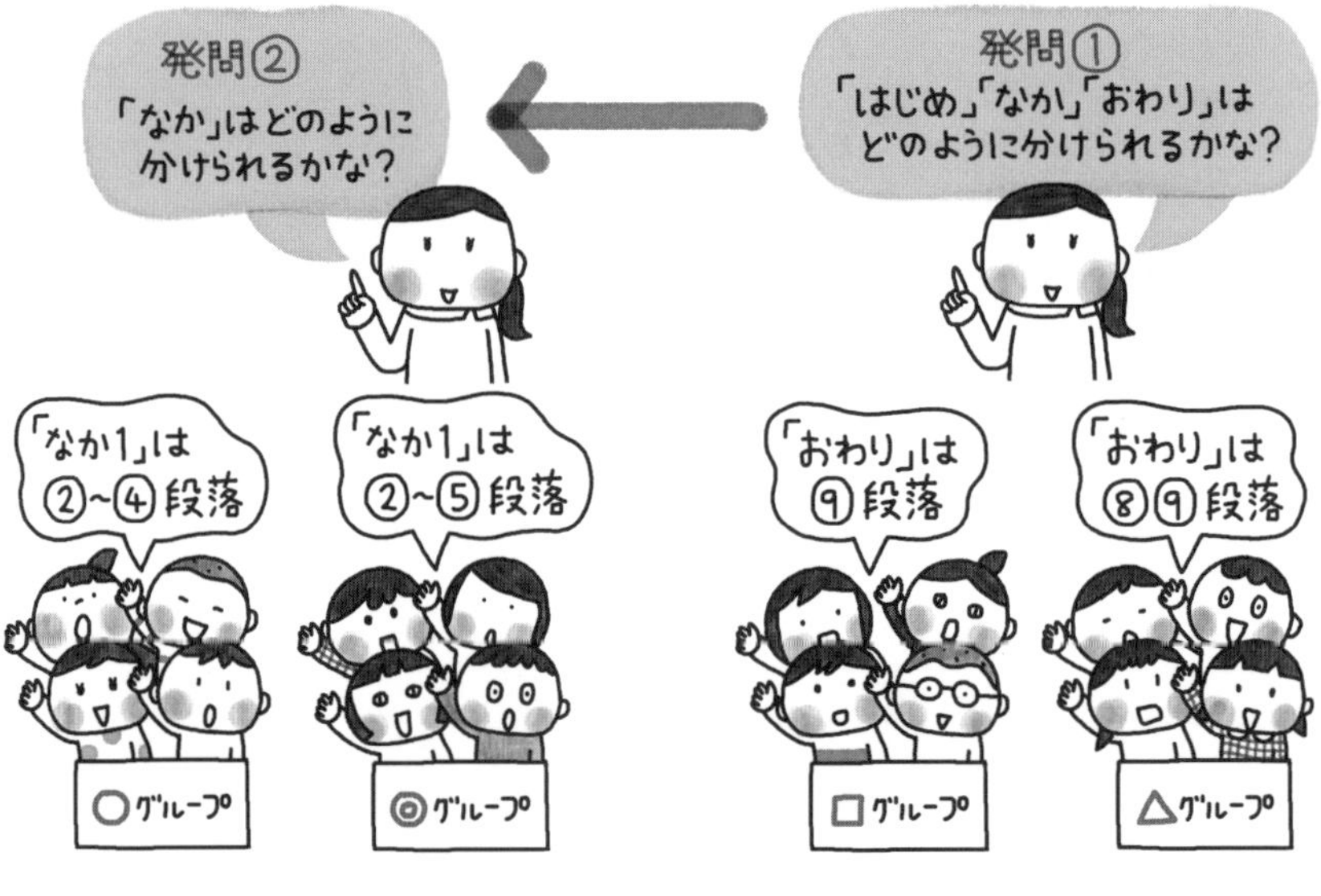
発問①
「はじめ」「なか」「おわり」は
どのように分けられるかな？
発問②
「なか」はどのように
分けられるかな？
「おわり」は⑧⑨段落
△グループ
「おわり」は⑨段落
□グループ
「なか1」は②~⑤段落
◎グループ
「なか1」は②~④段落
○グループ

板書のポイントは、「ありの行列」の文章が、「はじめ」――「なか」――「おわり」の組み立てで書かれていることがわかるようにすることです。また、「なか」は「なか1」と「なか2」の二つに分かれることもわかるようにします。そして、「なか」の段落には、それぞれ小見出しをつけ、ひと目見ただけで何について書いてあるかがわかるようにします。

まず、「はじめ」「なか」「おわり」を書き込んだ構成表を板書します。子どもたちにもノートに構成表を書かせます。そして、「はじめ」「なか」「おわり」に段落番号を書かせ、それをもとに学習グループや学級全体で話し合わせます。話し合いによって課題解決したら、一つめの課題である「はじめ」「なか」「おわり」に分ける学習のまとめとして、「はじめ」の欄に段落番号①と「(問い)なぜ、ありの行列ができるのでしょうか。」と書き、「問い」が何かをわかるようにします。「おわり」の欄には段落番号⑨と「(まとめ)このように、においをたどって、……ありの行列ができるというわけです。」と書き、⑨段落がまとめであることをわからせます。また、「このように」と「わけです。」にはサイドラインを引き、「このように」が②~⑧段落のまとめの言葉であること、「わけです。」が①段落の「なぜ」と対応していて、「問い」のまとめになっていることを意識できるようにします。

次に、子どもたちにノートの構成表に縦線を引かせ、「なか」を分けさせます。そして、それをもとに学習グループや学級全体で話し合わせます。課題解決したら、二つめの課題である「なか」をまとまりごとに分ける学習のまとめとして、⑤段落と⑥段落の境目に縦線を引いて、②~⑤段落と⑥~⑧段落に分けられることをわからせます。そして、②~⑤段落の欄に「なか1」、⑥~⑧段落の欄に「なか2」と書き、「なか」が二つに分けられることを意識できるようにします。

論説文「『鳥獣戯画《ちょうじゅうぎが》』を読む」の教材研究と授業案

●「『鳥獣戯画《ちょうじゅうぎが》』を読む」の文章構成を読みとる

説明的文章には、定説になっている事柄について、具体的な例を挙げたり詳しく述べたりして、その事柄について解き明かしていく「説明文」と、筆者の仮説や独自の主張を提出して、それを論証していく「論説文」の二つのタイプがあります。「『鳥獣戯画《ちょうじゅうぎが》』を読む」（光村図書『国語六』平成二十七年度版）は、筆者の高畑勲氏が、蛙と兎が相撲をとっている場面を取り上げ、さまざまな視点から絵を読み解き、作品のすばらしさを論証している論説文です。

論説文「『鳥獣戯画《ちょうじゅうぎが》』を読む」は、「はじめ」――「なか」――「おわり」の三部構成で、全部で九つの段落があります。文章構成は、次のようになっています。

「はじめ」は、①段落と②段落で、『鳥獣戯画』を読むための話題を示す前書きの段落になっています。しかし、この論説文には、文章全体にかかる「問い」がありません。

「なか」は、内容のまとまりごとに分け、小見出しをつけると、次のようになります。

「なか1」……③段落（作品の解説）漫画の祖である。
④段落（作品の解説）アニメの祖でもある。

「なか2」……⑤段落（作品の読みとり1）ふき出しと同じような線がある。
⑥段落（作品の読みとり1）線に動きがある。

「なか3」……⑦段落（作品の読みとり2）一枚の絵に時間が流れている。

「おわり」は、⑧段落と⑨段落です。⑧段落は、「十二世紀から今日まで、言葉だけでなく絵の力を使って物語を語るものが、とぎれることなく続いているのは、日本文化の大きな特色なのだ。」とまとめが書かれています。そして、⑨段落は、『鳥獣戯画』についての筆者の思いや考え方が書かれています。

●筆者の説明の仕方の工夫を読みとる

「『鳥獣戯画』を読む」の筆者は、読者が小学生であることを考えて、読者が興味をもつことができるように工夫したり、わかりやすいように工夫したりして書いています。

①段落には、次のような説明の仕方の工夫があります。

・読み手を引きつけるために、①段落では「はっけよい、のこった。」と書き出しを工夫しています。「はっけよい、のこった。」の行司のかけ声から、相撲をとっていることがすぐにわかります。読者はこの文で、誰と誰が相撲をとっているのだろうと興味をもちます。そして、次の文に「蛙《かえる》と兎《うさぎ》が相撲《すもう》をとっている。」と答えが書いてあるのです。

・①段落の三〜六文目は、次のような書き方になっています。

「蛙が外掛《が》け、すかさず兎は足をからめて返し技《わざ》。その名はなんと、かわず掛け。おっと、蛙が兎の耳をがぶりとかんだ。この反則技に、たまらず兎は顔をそむけ、ひるんだところを蛙が――。」

・文末を「……だ。」「……である。」などにせずに、「……返し技《わざ》。」「……かわず掛け。」と体言止めにして、文体にリズムをもたせています。また、「すかさず」「なんと」「おっと」「がぶりと」という言い回しをして、相撲の実況中継のような書き方をしています。さらに、「ひるんだところを蛙が——。」と書くことによって、相撲がまだ続いているような書き方をしています。

このように、①段落で、読み手を一気に引きつけるように工夫しています。すなわち、②段落以降の少し堅苦しい『鳥獣戯画』の解説をする前に、誰でも文章の内容に入ってくることができるように工夫しているのです。

③段落以降には、次のような工夫があります。

・③段落の最後の文から④段落の一文目と二文目にかけては、筆者が読者に呼びかける形で書かれていて、読者をいっそう引きつけています。すなわち、「ためしに、ぱっとページをめくってごらん。」「どうだい。蛙が兎を投げ飛ばしたように動いて見えただろう。」「アニメの原理と同じだね。」と呼びかけているのです。

・③段落の最後の文「ためしに、ぱっとページをめくってごらん。」には、「ぱっと」という言葉があり、読者がページをめくりたくなるような書き方になっています。

・「ページをめくってごらん。」という筆者の呼びかけに応じてページをめくると、前のページ（１３７ページ）と同じ位置（１３９ページ）に次の場面の絵が配置されていて、蛙が兎を投げ飛ばしたように見えるように絵を配置しています。本当は、１４０～１４１ページのように一枚の絵なのに、わざわざ分けて出して、読み手にアニメのコマ送りを体験させるようにしてあるのです。

・１４０～１４１ページで再度つながっている絵全体を出して、絵のすばらしさが伝わるように構成の工夫をしています。

・③段落と④段落で、先に絵全体を解説してから、⑤段落と⑥段落では、絵の細かい部分をクローズアップして説明しています。すなわち、⑤段落では、蛙の口から出ている線について、⑥段落では、兎の背中や右足の線、目や口の線について説明しています。

・『鳥獣戯画』の絵巻物を説明するときに、読者にとって身近で、なじみ深い漫画やアニメを引き合いに出して説明し、よりわかりやすい説明になるように構成の工夫をしています。

・⑤段落で、「もう少しくわしく絵を見てみよう。」と読者に予告することによって、絵の細かい部分について読むための心の準備をさせています。そして、「蛙の口から線が出ているのに気がついたかな。」と読者に蛙の口から出ている線に目を向けさせます。ここで、「いったいこれはなんだろう。」と読者に問いかけ、「けむり」や「息」の可能性などいろいろな見方があることを示し、読者の関心を引きつける構成の工夫をしています。

筆者の説明の仕方の工夫を子どもたちに探させる際には、「表現の工夫」と「構成の工夫」の観点で探させることがポイントになります。漠然と説明の仕方の工夫を探すよりも、焦点化して探すことができるからです。また、探す際には、まず自分一人で考え、次に学習グループ内での交流や学級全体での話し合いにより、考えを広げたり、深めたりします。

「『鳥獣戯画《ちょうじゅうぎが》』を読む」の説明の仕方の工夫を読みとる授業案

一　本時のねらい（学習課題）
筆者の書き方について、どのような工夫があるか見つける。

二　本時の学習展開

教師の働きかけ

①今日の学習のめあてを読みましょう。
「筆者の書き方の工夫を見つける。」
②全文を段落ごとに交替しながら音読しましょう。
③筆者は、自分の見方を読者に伝えるために、表現の工夫をしています。どんな工夫があるでしょうか？
・まず一人で考え、工夫があると思う箇所に線を引きましょう（課題解決に向けて主体的に学ぶ）。

予想される児童の発言

・（一斉に声をそろえて学習のめあてを読む）
・（①段落を1グループ、②段落を2グループ……というように、グループで声をそろえて音読する）

・（３分後）どこに線を引いたか、どのような工夫が見つかったかを各グループの中で交流しましょう（グループ内での交流により、考えを広げたり、深めたりする）。

④（３分後）グループの中で発表したことを学級全体に紹介しましょう（学級全体で交流することにより、いっそう考えを広げたり、深めたりする）。

・「返し技《わざ》。」と「返し技である。」と比べると、どのようにちがいますか？

・「はっけよい、のこった。」という書き出しで、読者に興味をもたせている。
・「はっけよい、のこった。」の言葉ですぐ相撲のことだとわかる。
・「すかさず」「なんと」「おっと」「がぶりと」と相撲をとっているのが目にうかぶような書き方になっている。
・「返し技《わざ》。」「かわず掛け。」と書いてあって、「返し技である。」と文の最後まで書いていない。
・「返し技《わざ》。」のほうがてきぱきした感じがする。
・リズムがある感じがする。
・「ひるんだところを蛙が――。」と文を途中まで書いて、相撲が続いているような書き方をして

⑤表現の工夫をたくさん見つけることができましたね。

次は文章の構成の工夫を見つけましょう。

・まず一人で考えてみましょう（課題解決に向けて主体的に学ぶ）。

・（2分後）グループ内で話し合って、グループの考えをまとめてください（グループで話し合うことにより、新たな発見を促す）。

・（3分後）グループの考えを発表しましょう（学級全体での話し合いにより、協働的に学び、考えを深めて課題を解決する）。

いる。

・③段落の最後に「ためしに、ぱっとページをめくってごらん。」と読者に呼びかけて、読者がめくりたくなるような書き方をしている。

・④段落でも、「どうだい。」「動いて見えただろう。」「同じだね。」と読者に呼びかける書き方をして、引きつけている。

・③段落と④段落は、兎と蛙が相撲をとっている絵の説明をしているけれど、⑤段落は蛙のこと、⑥段落は兎のことだけをくわしく説明している。

・まず先に③段落と④段落で、絵全体のことを説

・③段落と④段落で絵全体のことを説明してから、⑤段落と⑥段落で絵の細かい部分について説明しているんだね。

明して、⑤段落からは「もう少しくわしく絵を見てみよう。」とくわしく書いている。

・138ページで絵巻物の説明をするとき、漫画やアニメのことを出して、わかりやすくしている。
・140～141ページの一枚の絵が「漫画の祖」「アニメの祖」であることがわかるように文章を構成している。
・本当は140～141ページの一枚の絵なのに、137ページと139ページの絵に分けて、ページをめくると蛙が兎を投げ飛ばしたように動いて見えるようにしている。
・140～141ページでもう一度つながっている絵全体を出して、絵のすばらしさを伝えようとしている。

・絵巻物の説明をするとき、漫画やアニメのことを出してわかりやすくする工夫があるんだね。
・先に、つながっている絵を分けて出して、あとから絵全体を出す工夫もあるんだね。

⑥今日の学習内容を振り返りましょう（学びの過程を自覚化させる）。
・筆者の書き方の工夫を見つける学習では、まず個人で考えてからグループや学級全体で話し合い、考えを深めました。その結果、表現の工夫だけでなく文章の構成の工夫も見つけることができました。

⑦話し合いがうまくできたかも振り返りましょう（対話的学びができたかを振り返る）。
・自分の考えを、理由を挙げて話すことができましたか？
・友だちの考えをしっかり聞くことができましたか？
・考えのちがいを理解して、理由を挙げて話し合うことができましたか？

・（教師の質問について、一人ひとりの子どもが活動を振り返って挙手する）

・グループ同士の話し合いに参加することができましたか？
・自分一人では気づかなかったちがった考え、新しい考えを知ることができましたか？
⑧今日の授業で学んだこと、できるようになったことをノートにまとめましょう。

◉板書のポイント

『鳥獣《ちょうじゅう》戯《ぎ》画《が》』を読む　高畑　勲

めあて　筆者の書き方の工夫を見つける。

★表現の工夫

・「はっけよい、のこった。」……書き出しで読者を引きつける。

・「すかさず」「なんと」「おっと」「がぶりと」……相撲をとっているのが目にうかぶ。

・「返し技《わざ》。」「かわず掛け。」……リズムがある。

・「めくってごらん。」「どうだい。」「見えただろう。」「同じだね。」……呼びかけている。

★構成の工夫

・絵全体（③④段落の説明）→細かい部分（⑤⑥段落の説明）

・つながっている絵を分けて出す。
　←
　つながっている絵を出す。

・漫画やアニメのことを出す。

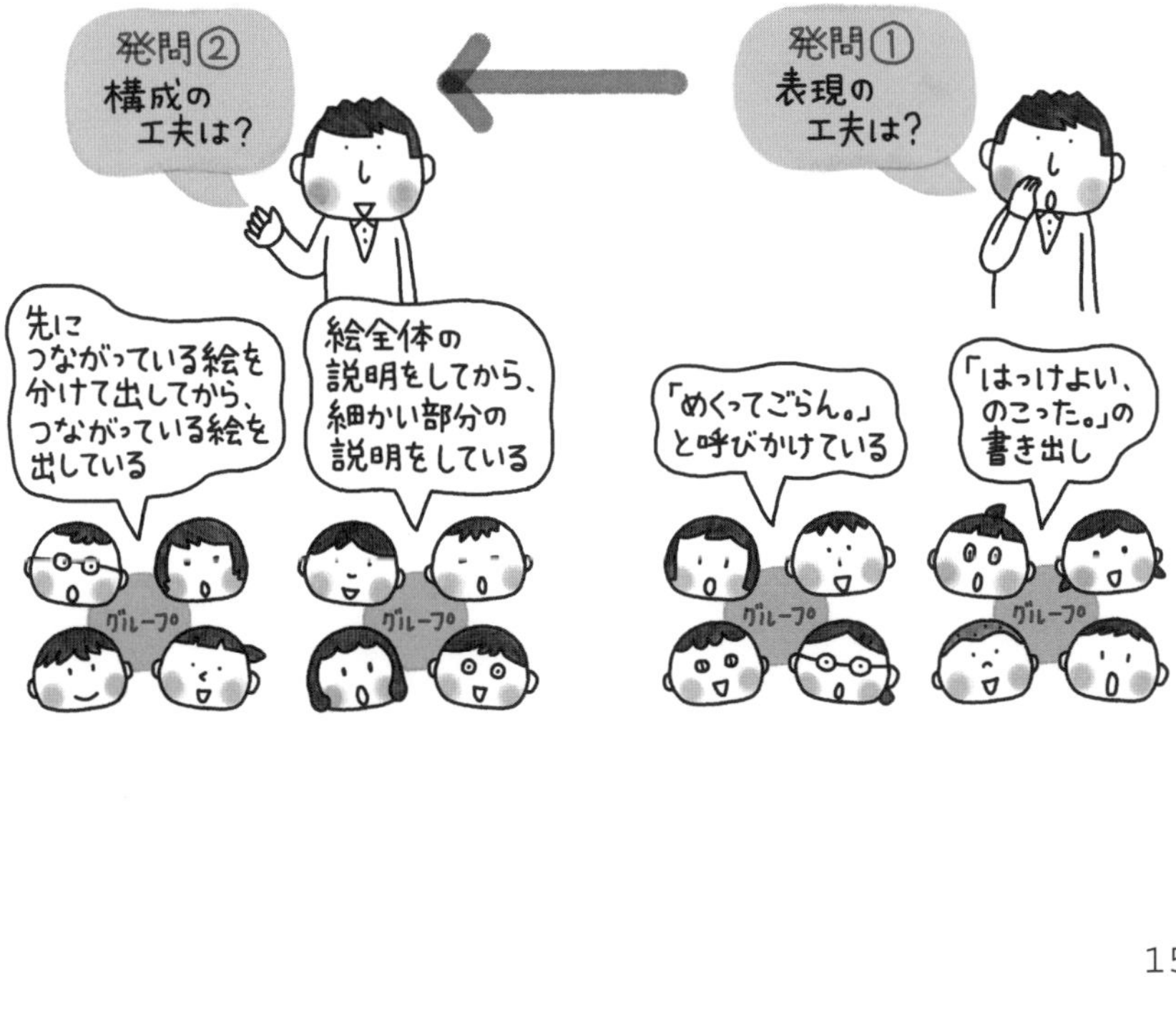

発問①
表現の工夫は？
「はっけよい、のこった。」の書き出し
「めくってごらん。」と呼びかけている
グループ
グループ
発問②
構成の工夫は？
絵全体の説明をしてから、細かい部分の説明をしている
先につながっている絵を分けて出してから、つながっている絵を出している
グループ
グループ

板書のポイントは、筆者の書き方の工夫を「表現の工夫」と「構成の工夫」の二つに分けて書き、二つの要素で工夫があることをわからせることです。

まず、「表現の工夫を見つけましょう」と課題を提示し、子ども一人ひとりに考えさせ、工夫があると思う箇所に線を引かせます。その際、線引きした理由も考えさせます。その後、学習グループや学級全体で話し合いを行い、自分一人では気づかなかった工夫や新しく発見した工夫には印をつけさせます。最後に、子どもたちから出された「表現の工夫」を板書して、『はっけよい、のこった。』……書き出しで読者を引きつける。」「『すかさず』『なんと』『おっと』『がぶりと』……相撲をとっているのが目にうかぶ。」「『返し技《わざ》。』『かわず掛け。』……リズムがある。」「『めくってごらん。』『どうだい。』『見えただろう。』『同じだね。』……呼びかけている。」とまとめます。

次に、「構成の工夫を見つけましょう」と課題を提示し、子ども一人ひとりに考えさせます。その後、学習グループで話し合い、発見したことを学級全体の場で発表させて、課題解決を図ります。自分が新しく発見した工夫には、印をつけさせます。

最後に、子どもたちから出された「構成の工夫」を板書して、まとめます。構成の工夫の板書では、段落と段落の関係がどのような論理構成になっているのかがわかるように、「絵全体（③④段落の説明）→細かい部分（⑤⑥段落の説明）」と矢印を入れて書きます。また、絵の出し方の工夫がわかるように、「つながっている絵を分けて出す。→つながっている絵を出す。」と矢印を入れて書きます。さらに、「漫画やアニメのことを出す。」と書きます。

物語「モチモチの木」の教材研究と授業案

●「モチモチの木」の主要な事件（出来事）とは何か

斎藤隆介の物語「モチモチの木」（光村図書『国語三下』平成二十七年度版）の豆太は五歳で、じさまと二人でとうげのりょうし小屋にくらしています。豆太は夜中のモチモチの木がこわくて、一人で外にしょんべんにいけない「おくびょう」な子どもで、いつもじさまについていってもらいます。そんな豆太が、じさまが夜中に腹痛を起こしたとき、こわさを乗り越えて、夜道をかけ、ふもとの医者様をよびにいきます。そして、豆太が医者様と家へもどるとき、勇気のある子どもだけが見ることができるという、モチモチの木に灯がついているのを見ます。しかし、じさまが元気になると、豆太は夜しょんべんに行くときには、またじさまについていってもらいます。

この物語の主要な事件（出来事）は、「おくびょう豆太《まめた》」が、モチモチの木の見え方により、じつは勇気のある子どもであることがわかることです。豆太にとって「夜のモチモチの木は、そっちを見ただけで、もう、しょんべんなんか出なくなっちまう。」ほどこわいものです。それが、『モチモチの木に、灯がついている。』とそのモチモチの木の見え方に変化が起こります。すなわち、豆太の前にこわいものとして立ちはだかっていた夜のモチモチの木が、美しいもの、やさしいものとして、豆太の前に現れたのです。そして、『モチモチの木に、灯がついている。』のが見えたことにより、豆太にはじつは勇気があったことが明らかになるのです。

●「モチモチの木」の文章構成を読みとる

「導入部（前ばなし）」

全く、豆太ほどおくびょうなやつはない。

〜

でも、豆太は、そうしなくっちゃだめなんだ。

「出来事（事件）の展開部」

そのモチモチの木に、今夜は、灯《ひ》がともるばんなんだそうだ。

〜

豆太は、はじめっからあきらめて、……よいの口からねてしまった。

「出来事（事件）の山場の部」

豆太は、真夜中に、ひょっと目をさました。

〜

（クライマックス）「モチモチの木に、灯がついている。」

〜

医者様のてつだいをして、……いそがしかったからな。

「終結部（後ばなし）」

でも、次の朝、はらいたがなおって元気になったじさまは、医者様の帰った後で、こう言った。

〜

「じさまぁ。」／と、しょんべんにじさまを起こしたとさ。

●「モチモチの木」のクライマックスを読みとる

「モチモチの木」のクライマックスとして挙げられそうな箇所は、次の二つです。

A「医者様をよばなくっちゃ。」／豆太は、小犬みたいに体を丸めて、表戸を体でふっとばして走りだした。／ねまきのまんま。はだしで。半道《はんみち》もあるふもとの村まで――。

B「モチモチの木に、灯がついている。」

A案をクライマックスだと考える理由は、夜のモチモチの木をこわがって、一人で外へ出ることもできなかったおくびょう豆太が、暗い夜の中へ走り出していくからです。このことは、豆太にとっては大きな変化といえます。また、「ねまきのまんま。はだしで。半道《はんみち》もあるふもとの村まで――。」という書き方は、読者により強くアピールする書き方にもなっていて、緊迫感・緊張感が高くなっています。

しかし、この外へ走り出す場面には、モチモチの木は出てきません。豆太がこわいのは、夜ではなく夜のモチモチの木なのです。この物語は、豆太のおくびょうさが、どのように展開していくか、変化していくかが、モチモチの木との関係性を通して書かれているのです。したがって、A案では豆太が勇気を出したことがまだ確定されていません。

B案をクライマックスだと考える理由は、大好きなじさまが死んでしまうかもしれないという不安を抱えながら、医者様といっしょにもどる豆太にとって、『モチモチの木に、灯がついている。』ことにより、モチモチの木は「こわいもの」から「美しいもの」へと変化したことがわかるからです。すなわち、モチモチの木と豆太の関係性が変化したのです。そして、モチモチの木に灯がついているのを見ることができたので、豆太は、じつは勇気のある子どもであることもはっきりと確定します。

このようなことから、クライマックスはモチモチの木と豆太の関係性が決定的に変化するB案であるといえます。

●「モチモチの木」の終結部（後ばなし）を読みとる

クライマックス場面で勇気を出した豆太は、じさまが元気になった晩から、また『じさまぁ。』と、しょんべんに起こしたことが書かれています。豆太は、また元にもどってしまったように見えます。しかし、そうではありません。豆太のおくびょうな行動は、以前と変わりませんが、豆太の気持ちは確実に変わっています。豆太の中に眠っていた勇気を発揮できたことによって、じさまを思うやさしさがある豆太は、「じさまに何か起これば、きっとまた助けられる」という気持ちになっているからです。

クライマックス決めでは、勇気を出したことが確定されたかどうかをめぐって、子どもたちは迷い揺れます。これを根拠を挙げながら話し合い、子どもたちの力で解決を図るようにします。そこで、まず一人ひとりの子どもに考えさせ、自分の考えをもたせるようにします。そして、クライマックスだと思う箇所について学習グループで話し合い、学習グループの考えをまとめるようにします。この作業がとても大切です。安易に考えをまとめるのではなく、とことん話し合って、学習グループの考えをまとめます。そうすれば、自信をもって学習グループ同士の学級全体での討論に臨めます。

「モチモチの木」のクライマックスを探す授業案

一　本時のねらい（学習課題）

クライマックスを探す。

二　本時の学習展開

教師の働きかけ

①今日の学習のめあてを読みましょう。

「クライマックスを探す。」

②「モチモチの木」を場面ごとに交替しながら音読しましょう。

③クライマックスはどこかを考えましょう（学習課題をつかむ）。

・まず一人で考え、クライマックスだと思う箇所に線を引きましょう（課題解決に向けて主体的に学ぶ）。

予想される児童の発言

・（一斉に声をそろえて学習のめあてを読む）

・（「おくびょう豆太《まめた》」「やい、木ぃ」「霜月《しもつき》二十日のばん」「豆太は見た」「弱虫でも、やさしけりゃ」の五場面を交替して音読する）

・（3分後）どこに線を引いたか各グループの中で話し合い、グループの考えをまとめてください。理由もしっかり考えましょう（グループ内での話し合いにより、考えを広げたり、深めたりする）。

④（4分後）グループの考えを発表しましょう（学級全体での話し合いにより、協働的に学び、考えを深めて課題を解決する）。

・「『医者様をよばなくっちゃ。』……」をA、「『モチモチの木に、灯がついている。』」をBとします。まず、Aの理由を発表してください（理由を挙げて、たくさんの考えを出し合う）。

・次に、Bの理由を発表してください。

・「『医者様をよばなくっちゃ。』／豆太は、小犬みたいに体を丸めて、表戸を体でふっとばして走りだした。／ねまきのまんま。はだしで。半《はん》道《みち》もあるふもとの村まで――。」

・「『モチモチの木に、灯がついている。』」

・Aがクライマックスだという理由は、おくびょう豆太が医者様をよびに走り出して、勇気を出したから。

・豆太はおくびょうなので、夜に一人で外へ出ていけなかったのに、勇気を出して夜に一人で医者様をよびに行ったから。

・豆太はまっ暗な夜に、勇気を出して、はだしで、半道もあるふもとの村まで一人で走っていったから。

・「『モチモチの木に、灯がついている。』」のを

・では、クライマックスがAだというグループはBがちがうという理由を、Bだというグループは Aがちがうという理由を言って話し合いましょう（反論し合うことにより、課題解決に迫る）。

・「おくびょう豆太《まめた》」の場面を見てください。豆太は

見ることができるのは、勇気のある子どもだけで、豆太はそれを見たので、勇気を出したことがわかるから。

・Bでも勇気を出したことがわかるけれど、Aでは豆太が夜に医者様をよびにいっているので、もう勇気を出したことがわかる。

・勇気を出したことがわかるところがクライマックスだから、Aだと思う。

・でも、Aでは勇気を出したかもしれないけれど、モチモチの木に灯がついていないので、本当に勇気を出したかどうかがはっきりわからない。

・勇気を出したことがはっきりわかるのは、Bだと思う。

・モチモチの木に灯がついていなくても、豆太は夜に一人でふもとの村まで医者様をよびにいったんだから、勇気を出していることがはっきりわかる。だから、Aだと思う。

・夜がこわいので一人で外へ行けない。

何がこわいのですか？

・どちらの考えがよいですか？　よく読んでください。

・「夜のモチモチの木」がこわくて、豆太はおくびょうなんだね。このことも考えるといいですね。

・Bのところで「夜のモチモチの木」はこわいものから、こわくないものに変わったんだね。クライマックスは、AとBのどちらですか？

・グループ同士の話し合いで、クライマックスを探すことができましたね（主体的、協働的な学びによ

・夜のモチモチの木が「かみの毛をバサバサとふるって、両手を『わあっ。』とあげる」からこわい。

・（一斉に「夜のモチモチの木がこわい」）

・Bだと思う。理由は、豆太が夜に医者様をよびにいくときには、モチモチの木のことが書いてないので、モチモチの木をこわがっていたかどうかがわからないから。

・賛成です。それに、「『モチモチの木に、灯がついている。』」と言ったときには、モチモチの木は「かみの毛をバサバサとふるって、両手を『わあっ。』とあげる」とはなっていないので、夜のモチモチの木はこわくないから。

・（一斉に「Bです」）

り課題が解決できたことを確認する）。

⑤今日の学習内容を振り返りましょう（学びの過程を自覚化させる）。

・クライマックスを考える学習では、まず個人で考えてから、各グループの中で考えを交流し、考えをまとめました。その結果、ＡとＢの考えが出てきました。

・豆太が勇気を出したのがはっきりわかるのは、どこかを考えました。そして、豆太がこわいのは「夜のモチモチの木」だということも考えると、こわくなかったことがわかるＢだということを自分たちの力で発見することができました。

⑥話し合いがうまくできたかも振り返りましょう（対話的な学びができたかを振り返る）。

・自分の考えを理由を挙げて話すことができましたか？

・友だちの考えをしっかり聞くことができましたか？

・（教師の質問について、一人ひとりの子どもが活動を振り返って挙手する）

・考えのちがいを理解して、理由を挙げて話し合うことができましたか？
・グループ同士の話し合いに参加することができましたか？
・自分一人では気づかなかったちがった考え、新しい考えを知ることができましたか？
⑦今日の授業で学んだこと、できるようになったことをノートにまとめましょう。

◉板書のポイント

モチモチの木

斎藤　隆介

めあて　クライマックスをさがす。

A「医者様をよばなくっちゃ。」
豆太は、小犬みたいに体を丸めて……走りだした。

・夜に一人で医者様をよびにいく　↓　勇気
・はだしで、半道もあるふもとの村まで　↓　勇気

☆モチモチの木に灯がついていない……勇気？

B「モチモチの木に、灯がついている。」

・灯を見る……勇気をだしたから

☆夜のモチモチの木
（こわい）
←勇気
夜のモチモチの木に灯がつく
（こわくない、美しい）

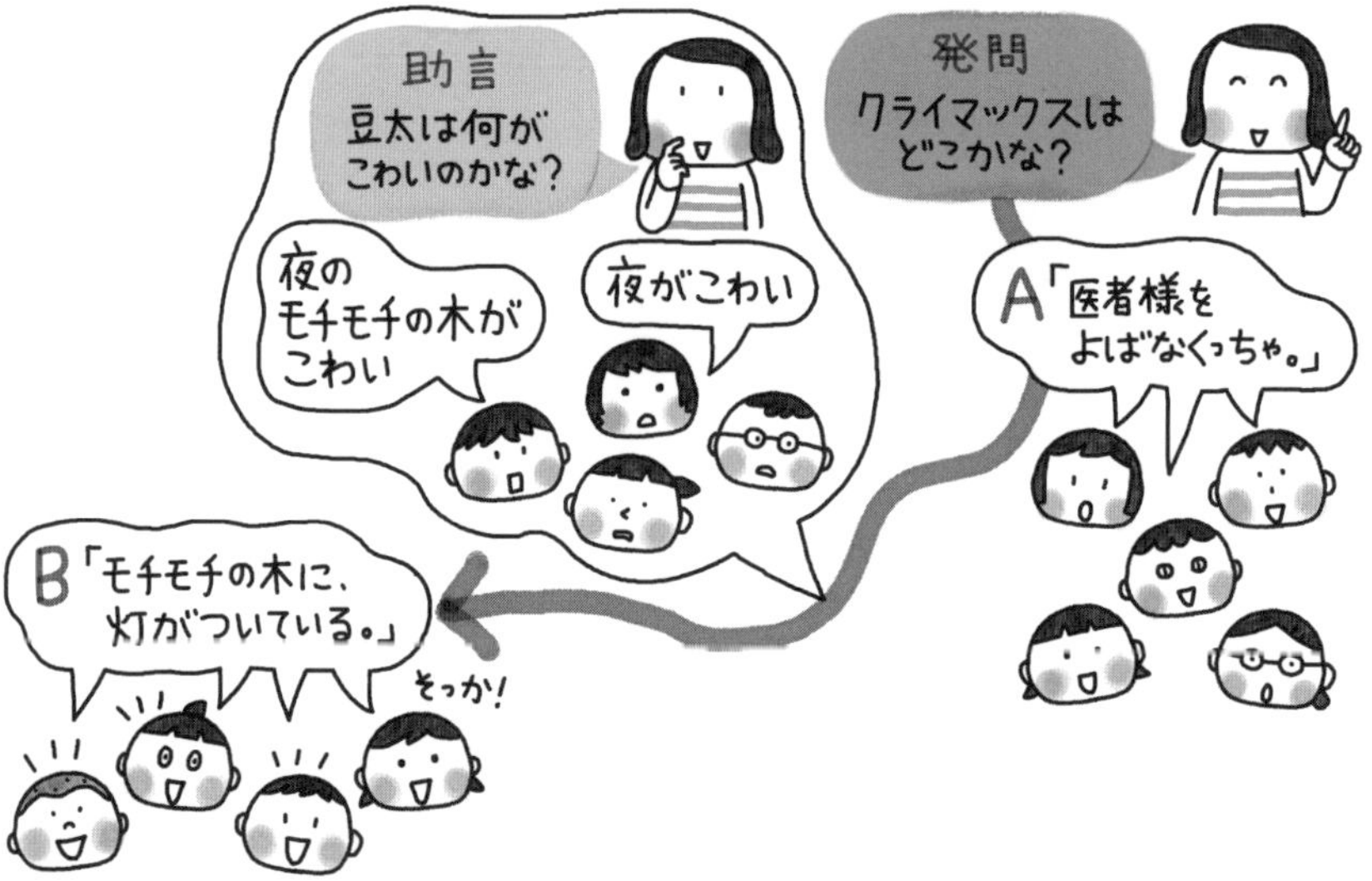

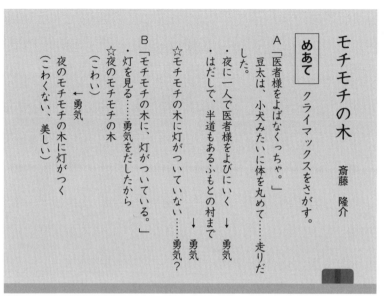

板書のポイントは、クライマックスだと考えられるAとBの理由をわかりやすく書き、結論をわかりやすくまとめて書くことです。

まず、「クライマックスはどこですか？」と課題を提示し、子どもたち一人ひとりに考えさせ、クライマックスだと思う箇所に線を引かせます。その後、学習グループでの話し合いを行い、学習グループの考えをまとめます。そして、子どもたちから出されるAとBの文を板書します。

A「医者様をよばなくっちゃ。」／豆太は、小犬みたいに体を丸めて……走りだした。

B「モチモチの木に、灯がついている。」

と、板書して二つの考えがあることを明確にします。そして、AかBかをめぐって、学習グループ同士の討論を仕組みます。Aがクライマックスだと考える理由を箇条書きにして書き、そこに矢印を書き入れて「勇気」と書きます。おくびょう豆太が勇気を出したことを押さえるのです。また、Bがクライマックスだと考える理由も「灯を見る……勇気をだしたから」と書きます。

AもBも勇気を出した箇所と考えられるので、子どもたちはAかBかをめぐって考えが揺れます。Aでは、モチモチの木に灯がついていないことから、勇気を出したことが確定しないので「勇気？」と書きます。AかBかの結着をつけるために、「おくびょう豆太《まめた》」の場面を読ませ、「豆太は何がこわいのですか？」と発問します。ここで、豆太がこわいのは夜ではなく、「夜のモチモチの木」であることに気づかせ、自分たちの力で課題解決を図るようにしむけます。

最後に、「夜のモチモチの木（こわい）」、「夜のモチモチの木に灯がつく（こわくない、美しい）」と書き、その間に矢印を書き入れて「勇気」と書き、夜のモチモチの木に対する豆太の見方の変化がわかるようにまとめます。

物語「ごんぎつね」の教材研究と授業案

●「ごんぎつね」の主要な事件（出来事）とは何か

新美南吉の物語「ごんぎつね」（光村図書『国語四下』平成二十七年度版）の中心人物であるごんは、辺りの村へ出てはいたずらばかりしている小ぎつねです。ごんは兵十にいたずらをして、うなぎを取ってしまいます。ごんは自分のせいで兵十がおっかあにうなぎを食べさせることができなかったと思い込みます。ごんは、ひとりぼっちになった兵十に親近感をもち、つぐないのためにいわしやくりや松たけを持っていきます。しかし、兵十は不思議に思いながらも、ごんのしわざとは気づきません。最後に、くりを持っていったごんは兵十に見つかり、火なわじゅうでうたれます。そのとき、兵十ははじめていつもくりをくれたのはごんだと知ります。

この物語の事件（出来事）は、ごんの兵十への思い入れと兵十の誤解によって成り立っていることがわかります。したがって、ごんの兵十に対する思いの変化と兵十のごんに対する見方の変化が、この物語の主要な事件（出来事）といえます。

●「ごんぎつね」の導入部を読みとる

導入部は、「プロローグ」「前ばなし」などと言われます。主要な事件（出来事）が始まる前に、人物の設定や時・場などの状況設定が示されます。

「ごんぎつね」では、次の箇所が導入部になります。

これは、わたしが小さいときに、村の茂平《もへい》というおじいさんから聞いたお話です。
〜
畑へ入っていもをほり散らしたり、菜種がらのほしてあるのへ火をつけたり、百姓《しょう》家のうら手につるしてあるとんがらしをむしり取っていったり、いろんなことをしました。

●「時」を読みとる

「ごんぎつね」の物語は、「昔」「おしろ」「中山様というおとの様」という言葉からさむらいのいた時代、すなわち江戸時代の話であることがわかります。

また、「いも」「菜種がら」「とんがらし」という言葉から、季節は秋であることもわかります。

●「場」を読みとる

場所は、「わたしたちの村の近くの中山《なかやま》という所」「中山様というおとの様がおられた」という言葉から、おとの様がいる中山という所の近くの村が、物語の舞台になっていることがわかります。

そして、ごんは「その中山から少しはなれた山の中」に住んでいます。このことから、ごんは近すぎず、遠すぎず、村人から見つかりにくく、しかもすぐ村へ出かけられるちょうどよい距離の所に住んでいることがわかります。また、「しだのいっぱいしげった森の中に、あなをほって住んでいました。」という文から、ごんはたいへん見つかりにくい所に住んでいることもわかります。

●「人物」を読みとる

ごんは、「ごんぎつね」と村人から呼ばれていました。このことから、辺りの村人から名前をつけられるほど、頻繁に村へいたずらをしにきていたことがわかります。「ごん」という名前は人間につける愛称であることから、きつねが「人間的」なきつねであることが読みとれます。しかし、「ごん」という人間的な愛称のすぐ下に「きつね」とつけて「ごんぎつね」と呼んでいたことから、人間とはちがうただのけものとしてのきつねなんだという客観的で冷たい感じも読みとれます。また、「ごん」という音の響きからオスのきつねであることも読みとれます。

ごんは「中山から少しはなれた山の中」「しだのいっぱいしげった森の中」「あなをほって住んでいました。」と書かれているので、人間に見つからない場所を選ぶような用心深さがあることがわかります。

「ひとりぼっちの小ぎつね」からは、子ぎつねではなく体の小さい大人に近いきつねであることがわかります。ひとりぼっちでも、たくましく生きていくだけの生活力があるからです。「ひとりぼっち」からは、親や兄弟や友だちがいないので、孤独でさみしい思いをしていることが読みとれます。また、「ひとりぼっち」だからこそ、束縛がなく、自由で勝手気ままに生活していることも読みとれます。

「夜でも昼でも、辺りの村へ出てきて、いたずらばかりしました。」からは、思いついたらいつでもいたずらをしたくなる性質であることが読みとれます。しかも、そのいたずらには凶暴性があります。百姓にとっては、生計を脅かされるいたずらです。夜行性であるきつねが昼にもいたずらをするのは、「いたずらを村人に見てほしい」「村人が騒ぐのを見るのが楽しい」からです。

複数の村で昼にいたずらをしてもつかまらないことから、すばしっこくて大胆であることも読みとれます。

いも、菜種がら、とんがらしなどに対するいたずらは、食べる物に困ってする盗みとはちがいます。村人が騒ぐのを喜ぶ子どもっぽいいたずら、村人の気を引くためのいたずらです。ごんは自分のやっているいたずらが、百姓たちにとってどんなに迷惑なことかがよくわかっていません。

このように読みとると、ごんは人間にたとえると何歳くらいのきつねなのでしょうか。見つかりにくい「しだのいっぱいしげった森の中に」自分であなをほり、「ひとりぼっち」でもたくましく生きていること、「夜でも昼でも」いたずらをする行動力があること、行動範囲が広く一つの村でなく「辺りの村」へ出かけていたずらをしていること、「いもをほり散らしたり」「菜種がらのほしてあるのへ火をつけたり」「とんがらしをむしり取っていったり」するなど、いたずらの中身がひどいことなどから考えると、子どものきつねではありません。そして、村人が騒ぐのを喜ぶ遊び気分のいたずらであること、いたずらが百姓にとってはたいへん迷惑な行為であることがよくわかっていないことから考えると、物事を理性的に判断できる一人前の大人だとはいえません。

したがって、ごんは人間でいうところの中学生から高校生くらいのきつねだと考えられます。

ごんの人物像を読みとる学習では、まず一人ひとりの子どもが、人物像がわかる箇所に線を引き、どんな人物かを明らかにします。そして、それをペアでの交流や学級全体の話し合いでより豊かにします。ここでは、新しい発見がたくさんあるように、いろいろな角度から考えさせます。また、ごんの年齢を考えさせる課題では、学習グループ同士で討論を行い、課題解決を図るようにします。

「ごんぎつね」の導入部（前ばなし）のごんの人物像を読みとる授業案

一　本時のねらい（学習課題）
　導入部（前ばなし）から、ごんの人物像を読みとる
二　本時の学習展開

教師の働きかけ

①今日の学習のめあてを読みましょう。
「ごんがどんなきつねかを考える。」
②「ごんぎつね」の前ばなしの部分を一斉音読しましょう。
③ごんがどんなきつねかを考えましょう。ごんの生いたちやくらしぶりや行動から考えましょう（学習課題をつかむ）。
・まず一人で、ごんがどんなきつねかがわかるところに線を引きましょう（課題解決に向けて主体的

予想される児童の発言

・（一斉に声をそろえて学習のめあてを読む）
・（「前ばなし」を一斉音読する）

に学ぶ)。

・(3分後) どこに線を引いたか、どんなきつねかを隣の人と話し合いましょう (ペアでの交流により考えを広げる)。

・学級全体で自分の考えを発表し合いましょう (学級全体での話し合いにより、さらに考えを広げ、深める)。

・「ひとりぼっち」だとよいことはありませんか?

・「『ごんぎつね』というきつね」
・「ひとりぼっちの小ぎつね」
・「しだのいっぱいしげった森の中」
・「あなをほって住んでいました。」
・「夜でも昼でも、辺りの村へ出てきて、いたずらばかりしました。」
・「畑へ入っていもをほり散らしたり」
・「菜種がらのほしてあるのへ火をつけたり」
・「百姓《しょう》家のうら手につるしてあるとんがらしをむしり取っていったり」
・「いろんなことをしました。」
・「ごん」と呼ばれていたオスのきつね
・「ひとりぼっち」だから、家族がいないことがわかる。
・「ひとりぼっち」なので、さみしい。
・「ひとりぼっち」でも、しっかりとくらしている。
・自分の好きなように行動できる。
・誰からももんくを言われない。

・「ひとりぼっちの小ぎつね」で、他に気がついたことはありませんか？
・「小ぎつね」と「子ぎつね」を比べると、どうちがいますか？
・見つかりやすい昼にもいたずらをするのは、なぜですか？

・「小ぎつね」だから、子どものきつねだと思う（多数の考え）。
・「子ぎつね」は子どものきつねで「小ぎつね」は小さいきつねです。
・体が小さいきつねで、子どもではない。

・「しだのいっぱいしげった森の中」に住んでいたので、用心深いと思う。
・見つからないように「あなをほって住んでいました。」だから、頭がよいと思う。
・「夜でも昼でも、……いたずらばかりしました。」だから、行動力がある。
・ごんは自分のことを村人に気づいてほしいと思っているから。
・だから、いろんないたずらをしにいっている。
・でも、ごんは村人につかまっていないので、すばしっこいと思う。
・「いもをほり散らしたり」「菜種がらのほしてあるのへ火をつけたり」「とんがらしをむしり取っていったり」するのは、村人に気づいてほ

④ごんは子どものきつねではないことはわかったけれど、何歳くらいですか？
・まず一人で考えましょう（課題解決に向けて主体的に学ぶ）。
・（1分後）各グループの中で話し合います。理由もしっかり考えましょう。
・（3分後）グループの考えを発表しましょう（学級全体での話し合いにより、協働的に学び、考えを深めて課題を解決する）。

しいからだと思う。
・一人前の大人だと思う。理由は、昼にいたずらしてもつかまらないから。
・賛成です。理由は、ひとりぼっちでもちゃんと生活しているから。
・賛成です。あなを自分でほって住むところをつくっているから。
・反対です。一人前の大人だったら、やってよいことと悪いことはわかると思うので、一人前の大人ではないかもしれない。
・村の人が迷惑していることがよくわかっていないから、いたずらばかりするので、まだ大人になっていないと思う。
・大人になる前の中学生から高校生くらいだと思

・グループ同士の話し合いで、ごんが大人になる前の中学生から高校生くらいのきつねであることがわかりましたね（主体的、協働的な学びにより課題が解決できたことを確認する）。

⑤今日の学習内容を振り返りましょう（学びの過程を自覚化させる）。

・ごんがどんなきつねかを考える学習では、まず個人で考えてから、ペアで交流しました。その結果、「ひとりぼっち」だからたいへんさみしいこと、「小ぎつね」だから子どものきつねではないこと、「しだのいっぱいしげった森の中」に住んでいたから用心深いこと、「夜でも昼でも、辺りの村へ出てきて、いたずらばかり」ということから気を引こうとしていること、いたずらをしてもつかまらないことからすばしっこいこと、ひとりぼっちでも生きていける力があることなどを見つけました。

・ごんの年齢を考える学習では、まず各グループの

う。理由は、いたずらを悪いことだと思わなくて、楽しんでいるから。

中で話し合い、次にグループの考えを発表し合って、いたずらをおもしろがり、百姓の身になって考えることができない、まだ大人になっていない中学生から高校生くらいのきつねであることを発見することができました。

⑥話し合いがうまくできたかも振り返りましょう(対話的な学びができたかを振り返る)。

・自分の考えを理由を挙げて話すことができましたか?

・友だちの考えをしっかり聞くことができましたか?

・考えのちがいを理解して、理由を挙げて話し合うことができましたか?

・グループ同士の話し合いに参加することができましたか?

・自分一人では気づかなかったちがった考え、新しい考えを知ることができましたか?

⑦今日の授業で学んだこと、できるようになったことをノートにまとめましょう。

・(教師の質問について、一人ひとりの子どもが活動を振り返って挙手する)

◉板書のポイント

ごんぎつね（前ばなし）

新美　南吉

めあて　ごんがどんなきつねかを考える。

・ひとりぼっち（家族がいない《さみしい》、生活力がある）

・小ぎつね（体が小さい、子どもではない）

↔

子ぎつね

・しだのいっぱいしげった森の中（用心深い）

・夜でも昼でもいたずらばかり（行動力がある）

つかまらない（すばしっこい）

◎ごんの年れいは？

ひどいいたずら（楽しんでいる、悪いことだとわかっていない）

←

中学生から高校生くらい

発問①
ごんは、どんなきつねかな？
発問②
ごんは何歳くらいかな？
ひとりぼっちで用心深い
小ぎつねだから、子どもではない
一人前の大人
中学生から高校生くらい

板書のポイントは、ごんがどんなきつねか（人物像）がわかるように書くことです。

まず、「ごんがどんなきつねかを考えましょう。ごんの生い立ちやくらしぶりや行動から考えましょう」と発問して、ごんがどんなきつねかがわかる箇所に線を引かせます。そして、それをペアでの交流により、豊かなものにします。さらに、学級全体での話し合いを行って、より人物像をはっきりさせます。子どもたちから出されたごんの人物像が読みとれる言葉を板書します。「ひとりぼっち」「小ぎつね」「しだのいっぱいしげった森の中」「夜でも昼でもいたずらばかり」と板書します。「畑へ入っていもをほり散らしたり」「菜種がらのほしてあるのへ火をつけたり」「百姓《しょう》家のうら手につるしてあるとんがらしをむしり取っていったり」「いろんなことをしました。」という箇所も子どもたちから出されますが、これらは「いたずらばかりしました。」の具体的な内容なので、板書ではシンプルに「夜でも昼でもいたずらばかり」とします。

そして、「生活力がある」「子どもではない」など人物像が読みとれる言葉にはそれぞれ丸かっこをつけて書き、学級全体の話し合いで課題解決を図ります。

次に、「ごんは何歳くらいですか？」と発問し、ごんの年齢について考えさせます。

今まで板書した内容（「家族がいない」「生活力がある」「体が小さい」「子どもではない」「用心深い」「行動力がある」「すばしっこい」）につけ加えて、「ひどいいたずら」と板書します。そして、学級全体の話し合いでこの言葉から読みとれた「楽しんでいる」「悪いことだとわかっていない」などを丸かっこの中に書きます。最後に、ごんは一人前の大人になっていない青年期のきつねであることに気づかせ、子どもたちの力で課題解決を図ります。板書には、矢印を書き、結論として「中学生から高校生くらい」と書きます。

【著者紹介】

加藤辰雄（かとう たつお）

愛知県立大学非常勤講師。「読み」の授業研究会運営委員。
1951年、愛知県生まれ。
三重大学教育学部卒業後、名古屋市の小学校で教諭を勤め、定年退職後、現職。

【著書】

『「ごんぎつね」の読み方指導』（共著、1991年）
『「大造じいさんとがん」の読み方指導』（以上明治図書、共著、1993年）
『科学的な「読み」の授業入門　文学作品編』（東洋館出版社、共著、2000年）
『国語授業の改革①　新学習指導要領　国語科新教材の徹底分析』（共著、2001年）
『国語授業の改革②　新学習指導要領　国語科新教材のポイント発問』（共著、2002年）
『国語授業の改革③　この教材で基礎・基本としての言語スキルを身につける』（共著、2003年）
『国語授業の改革④　国語科の教科内容をデザインする』（共著、2004年）
『国語授業の改革⑤　国語科小学校・中学校新教材の徹底研究と授業づくり』（共著、2005年）
『国語授業の改革⑥　確かな国語力を身につけさせるための授業づくり』（共著、2006年）
『国語授業の改革⑦　教材研究を国語の授業づくりにどう生かすか』（共著、2007年）
『国語授業の改革⑨　新学習指導要領をみすえた新しい国語授業の提案』（共著、2009年）
『国語授業の改革⑩　国語科教科内容の系統性はなぜ100年間解明できなかったのか』（共著、2010年）
『国語授業の改革⑫　「言語活動」を生かして確かな「国語の力」を身につけさせる』（共著、2012年）
『国語授業の改革⑬　若い教師のための「言語活動」を生かした国語の授業・徹底入門』（共著、2013年）
『国語授業の改革⑭　授業で子どもに必ず身につけさせたい「国語の力」』（以上学文社、共著、2014年）
『国語の本質がわかる授業②　ことばと作文』（共著、2008年）
『国語の本質がわかる授業④　文学作品の読み方１』（以上日本標準、共著、2008年）
『必ずうまくいく朝の会・帰りの会　18のヒケツ 41のアイデア 小学校』（2013年）
『必ずうまくいく係活動　21のヒケツ 20のアイデア 小学校』（以上フォーラム・A、2013年）
『学校を飾ろうよ　空間・壁面構成と立体工作のアイデア』（共著、2001年）
『教室を飾ろうよ　空間・壁面構成のアイデア　春・夏』（2001年）
『教室を飾ろうよ　空間・壁面構成のアイデア　秋・冬』（2001年）
『新版「１年生を迎える会」「６年生を送る会」を創ろうよ』（2002年）
『楽しい全校集会を創ろうよ　シナリオ版』（2004年）
『誰でも成功する学級づくりのキーポイント　小学校』（2003年）
『誰でも成功する子ども集団の動かし方』（2004年）
『誰でも成功する小学１年生の指導』（2005年）
『誰でも成功する小学２年生の指導』（2007年）
『誰でも成功する小学３年生の指導』（2006年）
『誰でも成功する小学４年生の指導』（2009年）
『誰でも成功する小学５年生の指導』（2007年）
『誰でも成功する小学６年生の指導』（2008年）
『誰でも成功する板書のしかた・ノート指導』（2007年）
『誰でも成功する発問のしかた』（2008年）
『誰でも成功する授業での説明・指示のしかた』（2009年）
『誰でも成功する授業ルールの指導』（2010年）
『誰でも成功するはじめての学級担任』（2011年）
『誰でも成功する学級のシステム＆ルールづくり』（2012年）
『誰でも成功する学級のまとめ方・育て方』（2013年）
『誰でも成功する言語力を高める話し合い指導』（2014年）
『本当は国語が苦手な教師のための国語授業のつくり方　小学校編』（2015年）
『クラス全員を授業に引き込む！　発問・指示・説明の技術』（2015年）
『「気になる子」のいるクラスが驚くほどまとまる授業のつくり方』（以上学陽書房、2015年）など

本当は国語が苦手な教師のための

国語授業のアクティブ・ラーニング　小学校編

2016年 6月 8日　初版印刷
2016年 6月 14日　初刷発行

著者——加藤辰雄《かとうたつお》

装幀——笠井亞子
本文デザイン・DTP制作——スタジオトラミーケ
イラスト——今井久恵
発行者——佐久間重嘉
発行所——株式会社 学陽書房
東京都千代田区飯田橋 1-9-3　〒102-0072
営業部　TEL03-3261-1111　FAX03-5211-3300
編集部　TEL03-3261-1112　FAX03-5211-3301
振　替　00170-4-84240
印刷——加藤文明社
製本——東京美術紙工

ISBN978-4-313-65318-4 C0037